KB267109

삶에 의문을 가진 당신에게

삶에 의문을 가진 당신에게

영화로 사유하고 철학으로 경험하는 인생 이야기

삶에 의문을 가진 당신에게

1판 1쇄 | 2025년 02월 10일
저은이 | 이웅원
펴낸곳 | 주식회사 바른북스
링크드인 계정 | @woongwon-lee
브런치 계정 | @웅사이다
이메일 | dnddnjs0911@gmail.com
폰트 | Mapo금빛나루(표지) KoPubWorld(내지)
ISBN | 979-11-7263-960-0

삶에 의문을 가진 당신에게

이웅원 지음

파벨만스를 포함한
5편의 명작으로의 탐험

노자부터 하이데거까지
세월을 관통하는 철학의 지혜

바른북스

"답을 주기보다 질문을 유발하는 영화,

그 질문에 결론을 내리지 않는 영화,

그것이 내가 만들고자 하는 영화다."

시드니 폴락 Sydney Pollack

철학책을 덮고 영화를 본다

들어가는 말

'나는 누구인가? 인생은 무엇인가?'

분명 여러 번 물었을 질문이지만 그때마다 답을 알 수 없습니다. 불안하거나 권태로울 때면 머릿속에서 똬리를 틀고 떠나지 않는 질문입니다. 어렵게 주변 사람에게 넌지시 물어보며 속내를 털어놓아도 속 시원한 해답을 얻지는 못합니다.

주변에서 자신에게 이런 질문을 던지는 사람을 보면 동질감을 느끼곤 합니다. 말하지 않아도 누구나 삶에 대해 고민하기 때문입니다. 어떻게 살아야 하는지 고민하다 보면 자신에 대해 알고 싶어집니다. 아니 알아야 할 것 같습니다. 이렇게 자신과 인생이 무엇인지 묻는 질문을 저는 '자기 존재 질문'이라고 부릅니다.

질문에 대한 답을 얻기 위해 서점을 둘러보다 보면 인생의 지혜에 대한 책이 눈에 들어옵니다. 널리 알려진 철학자의 말이 담긴 책을 한 장씩 넘기며 '혹시 이 사람은 답을 알고 있을까?'라며 기대합니다. 존재의 근원을 과학으로 설명하는 책에 관심을 갖기도 합니다. 진화론이나 우주론이 마법처럼 질문에 답을 줄지 모르니까요.

더 많은 지식이 답을 줄 수 있다면 우리는 자기 존재 질문에 쉽게 답할 수 있어야 합니다. 지금은 지식이 넘치다 못해 과잉인 시대이기 때문입니다. 하지만 누구보다 많은 것을 아는 지식인들은 다른 이야기를 합니다. 고대 그리스 철학자인 소크라테스는 "나는 모른다는 것을 알기 때문에 지혜롭다"라고 말했으며 행동경제학을 만든 노벨 경제학상 수상자인 대니얼 카너먼은 "모르는 것을 알 때마다 기쁘다"는 이야기를 했습니다.

이들이 한 말은 무슨 뜻일까요? 알면 알수록 모른다는 것일까요? 그렇다면 지식을 얻기 위해 노력하는 것은 의미가 없을까요? 한 가지 확실한 것은 그들은 답을 찾기보다 스스로 생각하기를 좋아했다는 것입니다. 이미 있는 지식을 배우려는 많은 사람과 달리 자신으로부터 시작된 생각을 할 줄 알았습니다. 바로 '사유'입니다.

사유라는 말은 생소할 수 있습니다. '사유한다'보다는 '생각한다' 또는 '고민한다'라는 말이 더 친숙하기 때문입니다. 이 말을 들으면 철학자가 홀로 방에서 골몰히 생각하는 장면이나 도인이 자연 속에서 고요히 눈을 감고 있는 장면이 떠오를지도 모릅니다. 이런 이미지가 떠오르는 이유는 사유가 단순히 생각하는 것과 다르기 때문입니다. 우리는 평소에 많은 생각을 하며 살지만 사유는 좀처럼 하기 어렵습니다. 스스로 생각하고 싶어도 온갖 잡념이 괴롭힙니다. 하지만 사유가 멀리 있기만 한 것은 아닙니다. 뜻밖의 장소에서 사유가 꽃을 피웁니다. 바로 영화입니다.

100년 넘는 역사를 가진 영화는 오늘날 사람들의 일상에서 빼놓을 수 없습니다. 연인과 데이트를 하거나 가족과 함께 시간을 보낼 때 영화를 자연스럽게 보게 됩니다. 처음 만난 사람과 어떤 영화를 좋아하는지 물어보며 서로를 알아가기도 합니다. 영화가 이처럼 친숙하기 때문에 그 안에서 사유가 꽃 핀다는 말이 의아하게 들립니다. 이전에 하지 못했던 새로운 생각이나 깊이 있는 생각을 하기 위해 낯선 장소를 찾기 때문입니다. 하지만 '등잔 밑이 어둡다'라는 말처럼 오히려 주변에 주의를 기울여야 할 수 있습니다. 사유를 하기 위해 필요한 것은 새로운 사건이나 장소가 아니라 같은 것을 다르게 볼 수 있는 마음입니다.

항상 하는 행동이기 때문에 영화를 본다는 것이 얼마나

놀라운 일인지 알기 어렵습니다. 영화를 보려면 영화관에 가거나 집에 있는 TV나 스마트폰에서 틀면 됩니다. 하지만 진정으로 영화를 감상하려면 특별한 능력이 필요합니다. 우리 모두 가지고 있는 것입니다. 그것은 바로 보이지 않는 것을 볼 수 있는 능력입니다.

영화를 볼 때 우리는 보이는 것을 보고 있다고 생각합니다. 하지만 영화는 보이지 않는 것을 자연스럽게 보여주도록 발전했습니다. 두 사람이 대화하는 장면에서 말하고 있는 한 사람만 보이더라도 상대방이 듣고 있다는 것을 압니다. 총을 쏘는 장면 뒤에 누군가 쓰러진다면 그 사람이 총을 맞아 쓰러졌다고 생각합니다. 단순한 장면부터 복잡한 이야기까지 영화는 보여주지 않음으로써 보여줄 수 있고 우리는 그것을 볼 수 있는 존재입니다.

영화에서는 이해하기 어려운 삶의 문제나 깊은 질문을 이와 같은 방식으로 그립니다. '삶은 모순이 가득하다'라는 말을 글로 전달하는 것과 영화로 전달하는 것은 다를 수

밖에 없습니다. 글로 전달할 때는 말하고자 하는 바를 직접적으로 드러냅니다. 하지만 영화는 직접적으로 말하지 않고 보여줍니다. 아니 보여주지 않음으로써 말합니다. 영화는 자신의 주제로 우리를 끌고 들어가서 깊은 생각에 빠지게 합니다. 마지막 장면이 끝나고 엔딩 크레딧이 올라가는 동안 생각에 잠기면 다른 누군가의 지식이 필요하지 않습니다. 바로 그 자리에서 사유가 시작됩니다.

사실 생각해 보면 영화는 삶과 유사한 점이 곫습니다. 영화는 각 장면이 모여서 전체를 이룹니다. 삶 또한 현재라는 순간이 모여 인생이라는 전체를 만듭니다. 영화는 카메라로 촬영을 하기 때문에 그 관점으로만 볼 수 있습니다. 우리 또한 자신의 눈으로만 세상을 보기 때문에 다른 관점을 경험하지 못합니다. 이뿐만이 아닙니다. 영화는 편집을 통해 특정 부분을 강조하는데 우리도 어떤 경험을 특히나 강렬하게 간직하고 있습니다. 시나리오를 기반으로 영화가 만들어지듯이 자신을 이야기로 이해하곤 합니다. 그리고 2시간이라는 짧은 시간 안에 담긴 수많은 영화 중 같은 영화가 하나도 없듯이 60억이 넘는 사람이 유한한 시간을 살지만 모두가 각자의 삶을 살아갑니다.

영화가 우리 존재를 닮기만 한 것은 아닙니다. 영화를 통해 삶은 확장됩니다. 영화는 평소에 안다고 생각했던 세상 아래 숨겨진 또 다른 세상을 보여줍니다. 감독은 새로운 세계를 창조하고 관객을 초대합니다. 그 속에서는 마치 타인의 눈으로 보듯이 전혀 새로운 방식으로 세상을 보게 됩니다. 영화를 통해 낯선 관점을 체험하고 나면 다른 사람의 인생을 살아본 것 같은 느낌을 받습니다.

알폰소 쿠아론 감독의 영화 《그래비티Gravity》는 우주에서 지구로 귀환하는 주인공의 이야기를 담고 있습니다. 지구에 살다 보면 두 발로 땅을 딛고 설 수 있다는 것이 어떤 의미인지 잘 모릅니다. 이 푸른 행성을 벗어난 적이 없기 때문에 당연하게 느껴집니다. 그렇기 때문에 그래비티는 신선한 충격을 줍니다. 우주에서 생존하기 위해 발버둥 치는 주인공을 통해 무엇도 잡을 수 없고 어디에도 기댈 수 없는 상황을 생생하게 경험합니다. 영화를 다 보고 나면 이전에는 몰랐던 중력이 있는 삶의 소중함을 알게 됩니다. 지구라는 틀에서 벗어났기 때문에 자신의 삶을 다르게 보게 된 것입니다.

이는 철학적 사유가 하는 일이기도 합니다. 자신이 자유롭게 생각하고 있다고 여기지만 대부분 그 시대에 통용되는 사고의 틀 안에 있습니다. 미국의 과학철학자 토마스 쿤은 '패러다임Paradigm'이라는 말을 통해 이러한 현상을 설명했습니다. 패러다임은 그 시대에 통용되는 사고의 틀입니다. 그 속에서는 세계에 대한 근본적인 의문을 가지기보다 작은 문제를 푸는 데 집중합니다. 같은 패러다임 속에 있는 과학자들은 많은 것에 대해 암묵적으로 동의하고 있습니다. 주변을 보면 모두가 똑같이 생각하는 것처럼 보입니다. 그렇기 때문에 패러다임 안에 있다는 것도 알기 어렵습니다. 새로운 정보가 발견되어도 기존 틀에 맞춰 해석될 뿐입니다.

우리의 삶도 생각해 보면 마찬가지입니다. 자기 존재 질문에 대답하다 보면 자신이 어떤 틀에 갇혀 있는지 알게 됩니다. 옛날 부족 사회에서는 가장 해박한 지식인조차 '인간이 무엇인가?'라는 질문을 들으면 자신이 속한 부족만을 인간이라고 답했을 것입니다. 그때에는 다른 부족을 자신과 같은 존재로 여기지 않았기 때문입니다. 이 생각은 너무나 당연해서 의심조차 하지 못합니다. 아마 '그건 옛날이야기지'라고 생각하는 사람이 많을 겁니다. 하지만 고대의 그 어느 누구보다 많은 지식을 가지고 있는 현대인 또한 같은 질문에 여전히 선입견을 가지고 대답합니다. 어느 시대의 사람이건 패러다임 속에서 세상을 보고 있습니다.

토마스 쿤은 '패러다임 쉬프트Paradigm shift'라는 개념도 소개했습니다. 과학이 점진적으로 발전하지 않고 단절되어 혁명적으로 변하는 순간을 말합니다. 패러다임 쉬프트가 일어나면 사람들은 전혀 다른 눈으로 세상을 바라보게 됩니다. 철학에도 이와 같은 순간들이 많습니다. 고대 그리스 철학자인 플라톤은 오랜 시간 서양 철학에 영향을 끼쳤습니다. 그의 사상은 패러다임이었습니다. 시간이 흘러 이 패러다임에서 벗어나고자 하는 흐름이 생겼습니다.

20세기를 대표하는 실존주의 철학자인 하이데거는 이전까지 정답으로 여겨지던 생각에 의문을 품고 과감히 질문을 던졌습니다. 그는 플라톤으로부터 이어진 서양 철학 사상을 부정하며 새로운 철학을 펼쳤습니다. 하이데거의 눈으로 본 세상은 전혀 달랐습니다. 패러다임이 바뀐 것입니다. 만약 하이데거가 철학을 정답처럼 생각했다면 의문을 품지 않았을 것입니다. 철학자들이 패러다임 속에만 있었다면 우리는 여전히 플라톤과 같은 시각으로 세상을 보고 있을지도 모릅니다.

이 이야기에서 사유에 대한 힌트를 얻을 수 있습니다. 철학적으로 사유한다는 것은 의문을 가지고 세상을 바라보며 당연한 것이 무엇인지 발견하고 내려놓는 것입니다. 새로운 개념을 만들어내는 과정이면서 무의식적으로 받아들인 개념을 내려놓는 과정입니다. 개념은 하나의 틀이 되어 사고를 가두는데, 틀이라고 인식하지 못한다면 벗어날 가능성조차 없습니다. 철학적 사유는 틀에서 벗어나 생각할 수 있게 도와줍니다.

영화는 철학적 사유와 비슷한 역할을 합니다. 익숙한 세계를 낯설게 만들고 당연하게 여겼던 것을 새로운 시각으로 보게 합니다. 영화가 감각과 감정을 통해 다른 세계를 체험하게 한다면 철학은 이성적 사고를 통해 기존의 관념에 도전하게 만듭니다. 두 가지 모두 기존의 틀을 깨뜨리고 새로운 가능성을 탐구합니다. 영화와 철학은 시대라는 틀을 깨고 다른 방식으로 세상을 볼 수 있도록 문을 열어줍니다.

이 책에서는 영화와 철학을 구분하지 않습니다. 영화를 통해 그리고 영화를 대상으로 철학적으로 사유합니다. 자기 존재 질문에 철학만으로 답하지도 않을 것이고 영화만으로 답하지도 않을 것입니다. 질문을 탐구하는 과정에서 다양한 사상가를 만나고 여러 영화를 접할 겁니다. 노자나 부처의 통찰부터 하이데거나 사르트르 그리고 화이트헤드와

같은 현대 철학자들의 사유를 살펴봅니다. 또 영화《홀리모
터스Hollymotors》《드라이브 마이 카Drive My Car》《애프터썬
Aftersun》《컨택트Arrival》《파벨만스The Fabelmans》를 통해 인
생에 대해 생각할 것입니다.

철학적 사유는 일종의 과정입니다. 20세기 철학자 화
이트헤드는 그 과정을 비행기의 비행에 비유했습니다. 비행
기가 땅에서 이륙해 하늘을 날다가 땅으로 돌아오듯이 철학
적 사유도 구체적 경험이라는 땅에서 출발하여 상상으로 만
든 이론이라는 하늘을 날아 새로운 관찰에 적용하며 착륙합
니다. 사유는 삶의 구체적 경험으로부터 시작됩니다. 영화
는 일상 속에 스며들어 있는 구체적 경험입니다. 그러므로
자기 존재 질문에 답하는 사유는 영화에서 시작될 수 있습
니다.

이 책의 사유는 어디에 착륙할까요? 사유의 끝에서 만
날 삶의 경험은 불안과 권태입니다. 이 두 가지 경험에 주목
하는 이유는 현대인 누구나 겪는 것이기 때문입니다. 불안

과 권태를 제대로 이해하지 못하면 힘들기 마련입니다. 많은 사람이 이에 대해 알기 위해 인터넷이나 유튜브를 검색해서 지식을 찾을 겁니다. 물론 과학적으로 설명할 수는 있습니다. 뇌 상태를 분석해서 불안을 줄이는 처치를 할 수도 있습니다. 이런 접근으로는 왜 불안을 느끼며 살아가는지 근본적으로 이해할 수 없습니다. 권태도 마찬가지입니다. 불안과 권태는 우리의 존재와 긴밀하게 연결되어 있습니다. 이에 대한 질문은 결국 자신에 대한 질문일 수밖에 없습니다. 그렇기에 자신의 존재를 묻는 동시에 불안과 권태를 이해해 볼 것입니다.

중요한 것은 우리가 서로 같은 존재이면서도 다르다는 것입니다. 각 사람은 불안과 권태를 이해하기 위해 자신만의 고유한 이해를 갖춰야 합니다. 다른 사람의 철학적 사유로는 충분하지 않습니다. 자신에게만 경험되는 인생을 이해하기 위해 스스로 사유하려는 노력이 필요합니다. 여기서 접한 사유가 아무리 설득력이 있어도 결국에 다른 사람의 사유일 뿐입니다.

세상에는 빈 공간이 많습니다. 그 공간은 오직 나만이 발견할 수 있는 곳입니다. 당연했던 세상이 질문과 의문으로 가득 차 있음을 알게 되면 그곳이 보입니다. 저를 불렀던 그 공간이 여러분의 사유를 기다리고 있습니다. 어느 틀에도 갇히지 않고 자유롭게 비행할 수 있습니다. 영화와 철학이 만들어낸 공간에서 삶은 그 모습을 드러냅니다.

홀리모터스 Hollymotors

이 리뷰는 스포일러를 포함하고 있습니다.

《홀리모터스Hollymotors》는 레오스 까락스 감독이 13년 만에 만든 장편 영화입니다. 그의 영화에는 다른 영화에서 볼 수 없는 독창적인 세계가 담겨 있습니다. 《홀리모터스Hollymotors》는 익숙한 방식으로 이야기를 전개하지 않습니다. 이른 아침, 주인공인 오스카는 집에서 나와 대기 중인 리무진에 타며 하루를 시작합니다. 차에 타서 "오늘의 스케

줄은 몇 개인가요?"라고 묻자 운전기사는 9개라그 대답합
니다. 독특하게도 그는 여러 역할을 연기하며 하루를 보냅
니다.

여러 이야기가 한 영화에 나오더라도 보통 각각은 최종
결론을 향한 단계인 경우가 많습니다. 하지만 오스카가 연
기하는 9개의 삶은 서로 전혀 관련이 없습니다. 이어지지
않고 독립적인 이야기를 보다 보면 '진짜 오스카는 누구일
까?'라는 의문이 생깁니다. 하지만 오스카의 일과가 반복되
면서 점차 의문은 사라집니다. 한 연기가 끝나면 리무진에
타고, 다음 스케줄에 대한 정보를 받으면 다른 연기를 하기
위해 차에서 내립니다.

관객은 '모든 스케줄이 끝나면 진짜 오스카의 모습으로
집에 가서 쉬겠지?'라고 생각하며 영화를 봅니다. 진짜가
당연히 있을 거라는 생각에 무의식적으로 기대하는 것입니
다. 하지만 이러한 생각과 전혀 다른 방향으로 이야기가 전
개됩니다. 영화 막바지에 운전기사가 "마지막 스케줄입니
다."라고 말하며 오스카를 어느 집에 데려다줍니다. 놀랍게

도 이곳은 아침에 나온 집이 아닙니다. 잠을 자러 들어가는 집도 연기를 해야 하는 공간입니다. 결국 오스카는 24시간 내내 연기하며 살고 있었던 것입니다. 더욱 충격적인 것은 오스카만 이런 삶을 사는 것이 아니라는 점입니다. 많은 리무진이 일정을 마치고 한 곳에 모이면서 영화가 끝납니다. 이를 통해 '어쩌면 모두가 24시간 연기하며 살아가고 있는 건 아닐까?'라는 생각을 하게 됩니다.

흔히 삶과 영화는 다르다고 생각합니다. 배우처럼 연기를 하며 살고 있다고 생각하지 않습니다. 촬영이 끝나면 배우가 집에 돌아가는 것처럼 본연의 삶이라는 것이 있다고 생각합니다. 하지만 막상 어느 모습이 진짜 나인지 콕 집어서 말하려면 어렵습니다. 항상 특정 역할을 수행하며 살아가고 있기 때문입니다.

회사에서는 직장인이라는 역할을 수행하며 집에서는 자녀 혹은 부모로 삽니다. 당연히 자신이 누구인지 안다고 생각하지만 실상은 카메라 앞에서 연기하는 배우와 다를 바 없습니다. 자신으로 있기보다 각 상황에서 어떤 모습으로 있어야 하는지 고민합니다. 감독도 시나리오도 카메라도 없지만 영화처럼 살고 있는 것입니다.

영화에서는 배우가 화면을 정면으로 쳐다보는 경우는 드뭅니다. 관객을 응시한다고 느끼기 때문입니다. 반대로 이 점을 활용해서 관객에게 직접적으로 말을 걸 수도 있습니다. 영화 속 한 장면에서 리무진에 동승한 인물이 오스카에게 "왜 이 일을 계속하는 겁니까?"라고 묻습니다. 오스카를 쳐다보는 것이겠지만 정면을 응시하며 이야기하고 있기에 관객은 자신이 질문을 받았다고 느낍니다. 그는 오스카에게 묻는 동시에 관객에게 묻는 것입니다. 연기를 하는 것이 곧 삶을 살아가는 것이라면 이 질문은 '왜 삶을 살아가는 것인가? 삶이란 무엇인가?'라는 질문이 됩니다.

영화를 찍으려면 카메라가 있어야 합니다. 오스카는 연기를 하고 있지만 관객의 눈에 카메라는 보이지 않습니다. 배우는 카메라 앞에서 연기를 하기 때문에 카메라가 보이면 연기를 한다고 판단합니다. 반대로 카메라가 눈에 보이지 않으면 지금 보고 있는 배우의 행동이 연기인지 헷갈립니다. 배우 자신도 무엇을 하고 있는지 판단하기 어려워집니다. 연기를 위해 주어진 역할이 점차 흐릿해집니다. 마침내 카메라가 점점 작아져서 사라지면 역할극은 끝이 날 겁니다. 역할이 없어지고 연기가 끝나면 남는 것은 무엇일까요? 필름에 담지 못하는 나의 모습은 어떤 모습인 걸까요?

《홀리모터스Hollymotors》는 질문에 답을 주지 않습니다. 단지 조용히 자신의 언어로 질문을 던질 뿐입니다.

photo from film **Hollymotors**

차례

1장

언어라는 함정

"주의를 기울여 영화를 본다면
가장 흥미를 끄는 것은 영화 뒤에서
진행되는 생각임을 알 수 있다.
나머지는 그저 배경에 불과하다."

올리버 스톤 Oliver Stone

사랑을 말로 표현할 수 있을까

우리는 언어를 통해 소통합니다. 자신의 의사를 표현하고 싶다면 그에 맞는 단어를 말하면 됩니다. 다른 사람의 생각을 알고 싶다면 물어보면 됩니다. 그러면 상대방은 자신의 생각을 말로 전달할 것입니다. 언어는 머릿속에 있는 생각과 이미지를 다른 사람의 머릿속에도 떠오를 수 있게 합니다. 언어를 통해 서로 다른 존재가 같은 생각을 공유할 수 있습니다. 이 능력은 당연한 듯 보이지만 인간 이외의 어떤 종에서도 발견하지 못한 특수한 능력입니다.

언어를 배우다 보면 세상 모든 것이 말에 담겼다고 느낍니다. 산이나 바다처럼 눈에 보이는 것부터 사랑이나 용기처럼 눈에 보이지 않는 개념들까지 모든 것에는 이름이 있습니다. 우리가 알고 있는 대부분의 개념은 오래전부터 이름 지어지고 표현되어 왔습니다. 인류가 쌓아온 지식의 양을 보면 언어로 표현하지 못할 것은 아무것도 없어 보입니다. 그러나 이는 흔히 하는 착각입니다.

인간은 사랑에 대해 아주 오래전부터, 아마도 언어를 다루기 시작했을 때부터, 다양한 방식으로 표현해 왔습니다. 하지만 우리는 여전히 사랑에 대해 궁금해하고 자신이 느끼는 사랑을 새로운 말로 표현하려고 합니다. 사랑이라는 단어는 있지만 그 말만으로는 실제 사랑을 담지 못한다고 느끼기 때문입니다.

"사랑이 어디 있어? 볼 수도 만질 수도 느낄 수도 없어.

몇 마디 말은 들리지만 그렇게 쉬운 말들은 공허할 뿐이야"

2005년에 개봉한 영화 《클로저Closer》에서 나탈리 포트만이 연기한 앨리스는 사랑이라는 말의 무용성에 대해 이야기합니다. 어렸을 때부터 들었던 사랑이라는 말이 처음 들은 것처럼 생소하게 들릴 때가 있습니다. 지금까지 이해했다고 생각했던 말이 실제의 경험과 다르기 때문입니다. 이제까지는 충분하다 생각했던 사랑이라는 말이 갑자기 한없이 작아 보입니다. 이름을 붙였다 해도 그 대상을 온전히 이해하지 못합니다. 인간은 무엇인지 모르는 대상에게 사랑이라는 이름을 붙였지만 결국 온전히 표현하지 못했습니다. 그렇기 때문에 지금도 많은 사람들이 사랑을 새롭게 표현하고 있습니다.

언어의 한계는 사랑의 표현에서만 그치지 않습니다. 자신을 표현할 때도 한계가 있습니다. 우리는 서로를 이름으로 부릅니다. 이름을 알면 자연스레 서로에 대해 안다고 생각합니다. 그렇기에 자신을 알리고 싶지 않을 때 이름을 알려주지 않습니다. 누군가 내 이름을 부르면 걸어가다 뒤를 돌아보겠지만 그 뿐입니다. 이름은 나를 지칭하기 위한 수단입니다. 다른 사람과 구분할 수 있는 수단이 될지 몰라도 이름은 사랑이라는 말처럼 그 대상을 온전히 표현하지 못합니다.

이름이 나를 표현할 수 없다면 나는 누구일까요? 이 질문에 대답하기 전에 질문 자체를 살펴보면 좋습니다. '나는 누구인가?'라는 질문은 '나'라는 말로 시작합니다. 언어가 주는 선입견을 모른다면 이 질문에 어떤 문제가 숨어있는지 알기 어렵습니다. 언어가 주는 선입견은 교묘해서 눈치채기 어렵습니다.

언어가 어떻게 우리의 사고방식에 영향을 주는지에 대한 다양한 연구와 가설이 있습니다. 그중에 대중적으로 많이 알려진 가설은 '사피어-워프 가설 Sapir-Whorf hypothesis'로 언어가 사고를 지배한다는 언어결정론에 대한 것입니다. 영화 《컨택트 Arrival》는 이 가설을 기반으로 이야기를 펼쳐 나갑니다. 영화의 핵심 컨셉은 외계 생명체는 인간과 전혀 다른 언어를 사용하는데 그에 따라 사고하는 방법도 전혀 다르다는 것입니다. 현대 언어학에서는 사피어-워프 가설을 지지하고 있지는 않으나 언어가 사고에 영향을 미치는 것을 부정하지 않습니다.

세상에 대한 과거 사람들의 이해가 언어로 전달이 되고 우리는 그 이야기를 들으며 자랍니다. 들어왔던 대로 세상을 보기 마련입니다. 우리에게 너무 익숙하기에 언어가 이미 만들어진 하나의 세계라는 것을 간과합니다. 언어를 배운다는 것은 나의 존재 이전부터 있었던 하나의 세계를 배우는 것입니다.

'해가 뜨고 진다'라고 들은 사람은 자연스레 태양이 돈다고 생각할 겁니다. 이 말은 지구 중심적인 세계관을 내포하고 있습니다. '해가 뜨고 진다'라는 말을 배우는 것은 단순히 말을 배우는 것이 아닙니다. 지구가 아닌 태양이 돈다는 것을 알게 된 지 수백 년이 흘렀지만 우리는 여전히 같은 말을 사용하고 있습니다. 문화로서 정착된 언어는 잘 변하지 않습니다.

언어에 대해 수동적인 태도를 가지면 세상에 있는 것들을 독립적으로 보게 됩니다. 우리는 '나', '타인', 그리고 '세상'이라는 개념을 이미 각각 독립적인 단어로 사용하고 있습니다. 서로 다른 단어로 표현하다 보면 나에 대해 생각할 때는 타인에 대해 생각하지 않고, 세상과 나의 관계에 대해서도 깊게 생각하지 않습니다. 보통 자신에 대해 알기 위해 너무나 자연스럽게 자신에게만 해당하는 것을 알아내려고 합니다. 심리검사가 대표적입니다. MBTI 검사를 하거나 취향이나 선호를 알아보는 것은 도움이 되지만 '나'라는 개념에 갇힌 채 하는 탐구는 한계가 있습니다. 언어가 끼치는 영향을 알지 못하면 사유의 시작에서부터 의도치 않게 '나와 타인 그리고 세상은 서로 독립적이다'라는 틀에 갇히게 됩니다.

언어는 세상을 고정된 개념으로 바라보게 만들기도 합

니다. 자신을 표현할 때 사용하는 '나'라는 말은 언제나 같은 단어입니다. 어렸을 때의 나를 '나'라고 부르고 현재도 역시 같은 말로 표현합니다. 이렇다 보니 '변하지 않는 고정된 나'가 있다고 생각하게 됩니다. 언어는 본질이 같다고 여겨지는 대상을 동일한 단어로 표현합니다. 모양이나 기능 혹은 속성이 비슷한 대상을 동일한 단어로 묶어 표현하는 것입니다.

하지만 모든 사과를 '사과'라는 같은 이름으로 부르면 각각의 구분이 사라집니다. 사실 자세히 들여다보면 어떤 사과도 모양이 같은 사과는 없습니다. 모양만 보면 다른 과일과 더 비슷한 사과도 있습니다. 같은 말로 부르는 순간 이러한 차이는 눈에 들어오지 않습니다. 마찬가지로 모든 순간의 나를 같은 단어로 표현하게 되면 나는 변하지 않는다고 생각합니다. 같은 말로 부르기 때문에 변화를 보지 못하게 됩니다. 언어로 인한 선입견에 바탕을 두고 생각하다 보면 자연스레 '변하지 않는 나'를 찾아가게 됩니다.

실제로 인간은 오랫동안 변하지 않는 본질을 찾아왔습니다. 서양 철학에서는 플라톤이 이데아라는 개념을 소개한 뒤로 그 틀에서 벗어나기까지 오랜 시간이 걸렸습니다. 플라톤은 우리가 경험하는 세상이란 '변하지 않는 본질의 세상인 이데아가 투영된 것'이라고 말했습니다. 세상에 어떤 것이 있다면 이데아에 그 본질이 있어야 합니다. 단순한 사물부터 사람 그리고 사랑과 같은 추상적인 개념도 모두 그 실체가 이데아에 있습니다.

영원하고 완벽한 곳인 이데아에는 변화가 없습니다. 변화는 불완전한 세상에서나 있는 것입니다. 불을 어떤 물체에 비추면 그림자가 생깁니다. 불이 일렁이면 그림자도 따라서 움직입니다. 그림자만 보면 변화가 있는 것 같지만 그림자의 실체인 물체는 가만히 있습니다. 플라톤에 따르면 우리가 경험하는 세상은 그림자와 같아서 허상일 뿐입니다. 실체인 이데아를 보려면 경험이 아닌 이성이 필요하며 따라서 철학이 중요합니다.

이후 서양 철학자들은 플라톤을 비판하긴 했지만 '변하지 않는 본질이 있다'라는 큰 틀에서 벗어나진 못했습니다. 화이트헤드는 "서양 철학은 플라톤에 대한 각주에 불과하다"라는 말을 남기기도 했는데 그만큼 플라톤의 영향력이 컸다는 뜻입니다.

나는 변하는 것일 수도 있고 변하지 않는 것일 수도 있습니다. 사유를 할 때는 어느 한쪽을 고집하지 않고 가능성을 열어두는 것이 중요합니다. 세상을 변하는 것과 변하지 않는 것으로 나눠보는 것이 편견일 수 있습니다. 그 편견으로 인해 세상을 있는 그대로 보지 못할 수 있습니다. 중요한 것은 무엇이 우리를 틀에 갇히게 하는지 아는 것입니다.

부를 수 있다고 아는 것은 아니다

이 책에서 다루는 질문은 '나는 누구인가?'가 아니라 '나는 무엇인가?'입니다. 왜 누구라고 묻지 않고 무엇이라고 묻는 것일까요? '누구'라는 질문에 자신의 이름이나 직책, 사회적 역할로 대답하기 때문입니다. 이 말 안에는 사회적 자아가 깊이 들어있습니다. 사회적 자아는 이름처럼 자신을 알게 해 주는데 한계가 있습니다.

엄마라는 말할 때 무의식적으로 기대하는 역할이 있습니다. 그 말에는 나를 낳아주고 길러준 사람이라는 이미지가 들어있습니다. 하지만 엄마는 그 말에 갇혀 있지 않습니다. 엄마이기 이전에 한 명의 여성이며 누군가의 딸이기 때문입니다. 그 사실을 간과하면 엄마에 대한 무지를 눈치채지도 못합니다. '누구'가 아니라 '무엇'이라 묻는 순간, 무지를 인정하는 태도를 갖게 됩니다. 나를 전혀 모른다는 것을 인정하면 자신의 존재를 새롭게 바라보기 위해 '무엇인가?'라고 질문하게 됩니다.

존재라는 말에 대해서도 유의할 필요가 있습니다. 이 말은 한국어로 들으면 바로 이해되지 않습니다. 원래 동양에서는 이 단어는 없었던 말이기 때문입니다. 일본의 메이지 유신 시대에 서양 철학이 유입되면서 기존에는 없던 단어가 많이 생겼습니다. 이때 철학과 함께 존재라는 말이 생겼습니다.

존재는 영어로 'being'이라고 표현할 수 있는데 be 동사에 '~ing'를 붙인 동명사입니다. 한국어로 존재는 명사이기 때문에 '고정된 것'이나 '존재하기를 완료한 무엇'이라고 느껴집니다. Being은 be를 지속하고 있는 중이라는 의미를 가지고 있습니다. Being이라는 단어를 접하는 사람은 존재라는 말을 접한 사람과 다르게 지속적인 것을 떠올릴 겁니다. 한국어에서는 '있음'이 존재라는 말에 비해 being에 조금 더 가까운 말입니다.

'존재'와 '있음'이 전달하는 의미의 차이는 중요합니다. 실존주의 철학자 하이데거는 기존 서양 철학에서의 존재 탐구가 존재하는 것존재에 한정되었다고 비판하며 그 존재들이 자신의 존재를 지속하고 있는 그 자체있음를 연구했습니다. 인간의 있음은 시간과 떼어놓고 볼 수 없다고 생각한 하이데거는 시간 속에서 인간이 어떻게 미래와 관계하는지를 사유했습니다. 이처럼 단어의 차이가 다른 철학을 간들기도 합니다. '나의 있음'을 완료형이 아닌 진행형으로 명사가 아닌 동사로 받아들이면 사유의 방향은 완전히 달라집니다.

이처럼 사유에 있어서 언어의 역할을 중요합니다. 철학자들은 이를 알기에 일상에서 습관적으로 사용하던 언어의 틀을 깨려고 노력합니다. 그들의 사유를 보면 새로운 용어나 이전에는 본 적 없던 개념이 종종 등장합니다. 철학 서적은 새로운 정의를 가진 단어로 표현되는 경우가 많기 때문에 일상 대화를 하거나 여러 글을 읽는 것처럼 읽을 수 없습니다. 평소에 사용하던 언어로 보더라도 마치 외국어로 보는 듯한 느낌을 받습니다. 철학자들의 사유 속에는 세상을 새롭게 보기 위해 틀 사이를 비집고 들어가려는 노력이 들어있습니다. 이것이 철학이 어렵게 다가오는 이유입니다.

도교의 창시자라고도 알려져 있는 노자 또한 언어의 한계를 넘어서 세상을 보려고 노력했습니다. 노자가 쓴 유일한 저서인 『도덕경道德經』은 '도道'로 시작해서 '도道'로 끝나는 책입니다. 그는 도道에 대해 "나는 그것의 이름을 모른다"라고 고백했습니다. 그렇기에 도덕경은 '도道라고 할 수 있는 것은 진정한 도道가 아니다'라는 유명한 구절로 시작합니다. 도道라는 말에 갇힌다면 보이는 것 너머 보이지 않는 세상까지 볼 수 없다고 생각한 것입니다. 그렇기 때문에 그는 없는 것인 '무無'에 대해 사유할 수 있었습니다.

도道와 마찬가지로 나라고 말할 수 있는 것은 진정한 내가 아닐 수 있습니다. 나는 나 자신을 부를 수 없습니다. 그것을 깨달을 때 나라는 존재는 미지의 것이 됩니다. 그때 자기 존재 질문에 대해 이전과는 다른 방식으로 대답할 수 있게 됩니다.

여러분도 저도 자신을 모릅니다. 자신도 모르는데 서로를 얼마나 알 수 있을까요? 이름을 부르는 것은 너무 쉽습니다. 그래서 서로 모른다는 것을 전혀 알지 못하며 상대방을 알기 위해 진정으로 노력하지 않습니다. 언어의 한계를 안다면 지금 상대방의 입 밖으로 나오는 말이 그 사람의 생각을 온전히 드러내지 못한다는 것을 알 겁니다. 나라는 말, 불리는 이름, 사회적으로 주어진 역할, 내가 하는 말, 내가 쓰는 글은 온전히 나를 드러내지 못합니다. 사랑이 사랑이라는 말을 초월해서 있듯이 나는 나라는 말을 초월해서 있습니다.

우리 모두 안경을 쓰고 산다

내가 나라는 말을 초월했다면 자신에 대한 생각하는 것만으로는 충분하지 않습니다. 자신을 둘러싼 세상과 함께 생각해야 합니다. 자기 존재 질문은 세상에 대한 질문으로 이어집니다. 세상에 질문을 던지다 보면 과학을 만나게 됩니다.

갈릴레오 갈릴레이가 "그래도 지구는 돈다"라고 말한 뒤 과학은 세상이 어떤 곳인지 알려줬습니다. 과학을 통해 우주에 대해 배우고 원자의 세상을 알게 되었습니다. 직관만으로는 알 수 없었던 세상을 과학의 힘으로 그려낼 수 있습니다. 과학은 지각이 닿을 수 없는 영역까지 가서 세상을 보이는 것으로 만듭니다. 이제 우리는 블랙홀에서 무슨 일이 일어나는지, 우주가 어떻게 팽창하는지, 유전자가 어떻게 생명체를 만들어내는지 압니다.

하지만 이런 시대에도 우리는 여전히 오직 자신의 경험만을 경험합니다. 듣지 못한 이야기는 알 수 없고, 발견되지 않은 것은 볼 수 없으며, 만나지 못한 사람은 그 존재도 모릅니다. 과학은 지각을 넘어선 세상을 그려주지만 그것이 우리가 경험하는 세계라고 할 수 없습니다. 지구가 돈다는 것을 모를 때에도 지구는 돌았고 알게 된 뒤로도 지구가 돌았습니다. 하지만 그 전과 후에 하늘을 쳐다보는 사람들의 경험은 전혀 다릅니다. 과학이 말하는 세상을 경험하기는 어렵습니다. 우리가 경험하는 것은 안경을 쓰고 세상을 바라보는 것과 같습니다. 그 안경은 실제 세상과 관계하는 하나의 세상 즉, '세계'입니다.

자신에 대한 이해는 곧 자신을 둘러싼 세계에 대한 이해입니다. 세계를 이해한다는 것은 세계와 나의 관계를 이해하고 세계와 실제 세상의 유기적 연결을 이해하는 것입니다. 그 관계와 연결이 표현에 대한 욕구를 불러일으킵니다. 인간은 세상을 새롭게 바라볼 수 있는 매개체를 발견할 때마다 자신이 경험하는 세계를 표현하려고 했습니다. 언어를 발견했을 때는 글로 자신의 존재를 표현했으며 음악을 발견한 뒤에는 자신의 존재를 연주했습니다. 그림을 발견한 뒤 그 세계를 그려냈으며 카메라를 발견한 뒤 사진으로 세계를 찍었고 영상을 발견한 뒤 영화를 만들었습니다.

자신을 부를 수 없기에 글로 쓰고 그림으로 그립니다. 그리고 노래하고 사진으로 찍으며 영화로 만듭니다. 이러한 작품에서 만나는 세계는 동떨어진 세계가 아닙니다. 그 안에는 나와 마찬가지로 이 세상을 살고 있는 혹은 살았던 누군가의 세계가 담겨 있습니다. 예술을 만날 때 우리의 세계는 창작자의 세계와 소통합니다. 이름을 부르지 못해도 이미 누군가를 알게 된 것입니다. 그리고 이름을 부르지 않기 때문에 세계를 보는 눈이 떠집니다.

드라이브 마이 카 Drive My Car

이 리뷰는 스포일러를 포함하고 있습니다.

《드라이브 마이 카 Drive My Car》는 일본 영화계의 떠오르는 감독인 하마구치 류스케가 만든 2021년 영화입니다. 낯선 사람을 모르는 건 당연한 일입니다. 반면 오랜 시간을 함께해 온 사람은 잘 안다고 생각합니다. 평생을 함께해 온 자기 자신에 대해 모른다는 것은 생각할 수도 없습니다. 하지만 현실은 생각과 다릅니다. 함께한 시간이 길고 친밀감이

높을수록 오히려 그 대상을 모를 수 있습니다. 영화는 주인공인 연극 연출가 가후쿠를 통해 이러한 진실을 보여줍니다.

가까운 관계일수록 속마음을 물어보기가 무서울 때가 있습니다. 가후쿠에게는 20년 넘게 함께 살아온 아내가 있었는데 그녀는 몰래 여러 남자와 잠자리를 가져왔습니다. 그는 이 사실을 알고 있었지만 말을 꺼내면 그녀를 잃게 될까 두려웠습니다. 어느 날 아침 집을 나설 때, 집에 돌아오면 이야기를 하자고 아내가 말했습니다. 자신이 그토록 두려워했던 이야기라는 것을 직감한 그는 집에 돌아오지 못하고 거리를 배회합니다. 뒤늦게 집에 돌아와 바닥에 쓰러져 있는 아내를 발견합니다. 병원으로 옮겼지만 그녀는 결국 세상을 떠났습니다.

아내의 죽음은 삶의 불가사의함을 보여줍니다. '도대체 왜?'라고 아무리 물어봐도 대답해 줄 사람이 없습니다. 아내의 외도도 이해하기 힘든 일인데 물어볼 당사자도 사라졌습니다. 아내가 살아 있다면 그 마음을 알 수 있는 가능성이라도 있지만 지금은 그녀의 진심을 알 방법이 없습니다. 사람이 떠나간 자리에는 상처가 남습니다. 남은 사람은 상처를 떠안고 누구에게도 마음을 열지 못하고 살아갑니다. 삶에 대한 의문을 품은 채 말입니다.

인간은 하나의 미지의 세계입니다. 분명 서로 같은 언어로 이야기하며 많은 날을 보내고 있지만 진정한 의미의 소통은 모래사장에서 바늘을 찾는 것처럼 어렵습니다. 가후쿠는 연극 연출가로서 러시아의 대문호 안톤 체호프의 《바냐 아저씨Uncle Vanya》를 연출합니다. 연극에서 특이하게도 각 인물이 서로 다른 언어로 말합니다. 말하는 소리는 들리지만 관객은 자막으로만 대화를 알 수 있습니다. 연극을 하는 배우 본인들도 서로 하는 말을 알아듣는 것이 아니라 대본을 외우고 상대 배역의 대사가 끝나면 자신의 더사를 할 뿐입니다.

이 장면이 표현하는 것은 서로 이해하며 이야기하고 있

는 것 같지만 실은 서로 다른 언어로 말하고 있는 현실입니다. 우리는 그저 대답하고 있을 뿐 상대방의 말을 진정으로 이해하지 못하고 있는 것이 아닐까요?

우리는 드넓은 세상에서 살아가는 것 같지만 자신만의 작은 세계에서 살고 있습니다. 영화는 이것을 가후쿠의 차로 보여줍니다. 차는 영화 시작부터 끝까지 등장합니다. 일본의 낮과 밤의 거리를 운전하며 돌아다니는 모습은 흡사 우리의 삶 같아 보입니다. 차는 기껏해야 서너 명이 탈 수 있는 크기인데 우리도 마찬가지입니다. 마음에 진정으로 들어올 수 있는 사람은 몇 명 되지 않습니다. 많은 이들이 마음에 잠깐 들어왔다 나갈 뿐 머물지는 못합니다. 결국 남는 것은 차와 나입니다.

가후쿠는 차에서 카세트 테이프를 듣는 습관이 있습니다. 그 테이프는 아내가 《바냐 아저씨Uncle Vanya》의 대사를 직접 읽으며 녹음한 것입니다. 아내의 어떤 감정도 담기지 않은 목소리 사이 빈 공간이 있습니다. 바냐 역의 대사만 빼고 녹음했기 때문입니다. 그 빈 공간에 가후쿠가 바냐의 대사를 감정 없이 말합니다. 차라는 작은 세계 안에서 그저 기계적으로 대답하고 있습니다. 그는 그저 정해진 대사만 읊을 뿐 자신에 대해서는 알지 못합니다. 아무리 그 대사가 삶에 대한 통찰과 진심을 담고 있다고 해도 말입니다.

영화는 한 인물의 대사를 통해 불가사의한 세상에서 우리가 해야 할 일을 말합니다. "아무리 이해한다고 생각하는 상대더라도 아무리 사랑하는 상대라도 타인의 마음을 그대로 보는 건 무리입니다" "정말 타인을 보고 싶다면 자기 자신을 깊이 그리고 똑바로 볼 수밖에 없습니다." 타인을 모르는 건 곧 자신을 모르는 것입니다. 우리 자신은 타인이나 세계와 떼어놓고 볼 수 없는 존재이기 때문입니다. 자기 자신을 보기 위한 여정은 외롭고 쓸쓸합니다. 하지만 자신과 그 주변의 소중한 사람에 대해 아는 것이 별로 없다는 사실을 인정하지 못한다면 진정한 공감과 소통을 이룰 길이 없습니다.

언어는 소통을 도와주지만 충분하지 않습니다. 영화에서 가후쿠가 자신과 같은 상처를 가진 사람과 공감을 하는 장면이 있습니다. 아이러니하게도 그 장면에서는 말이 없습니다. 둘은 나란히 담배에 불을 붙이곤 차의 열린 천장 위로 담배를 든 손을 올립니다. 고독해 보이는 도시의 밤 풍경을 뒤로하고 담뱃불은 고요히 타오릅니다. 영화는 언어가 없이도, 오히려 언어가 상실된 곳에서, 소통과 존재의 발견이 이뤄진다는 것을 보여줍니다.

photo from film **Drive My Car**

2장

사진으로 찍을 수 없는 나

사진으로 찍을 수 없는 나

"영화는 보이지 않는 것들을

묘사하는 힘을 갖고 있다.

꿈에 가까운 다른 세계로

들어가는 창문 같다."

데이비드 린치 David Lynch

혹시 고릴라를 보셨습니까?

우리는 평소에 사진을 찍으며 살아갑니다. 스마트폰의 등장 이후 많은 사람이 일상을 사진으로 남깁니다. 과거에는 기억으로만 간직했던 추억이 이제는 사진으로 남게 되었습니다. 많은 시간 동안 세월은 그저 흘러가는 것이었습니다. 하지만 사진은 세월과 무관하게 그대로 있습니다. 사진 속의 나를 보면 마치 그때로 돌아간 듯한 느낌을 받습니다.

흐릿했던 추억이 바로 어제 일인 듯 되살아납니다. 사진의 힘을 아는 현대인에게 카메라 없이 여행하는 건 상상할 수 없는 일입니다.

사진의 역할은 추억을 저장하는데 그치지 않습니다. 옛날에는 과거 시대에 대해 알고 싶으면 어른들의 이야기를 듣거나 책을 읽어야만 했습니다. 지금은 100년 전 세상이 어땠는지 알고 싶으면 사진을 보면 됩니다. 사진 덕분에 지금보다 훨씬 더 이전 세상에 대해서 상상에 의존하지 않게 되었습니다. 누군가에게 설명을 듣거나 상상했을 때보다 더 생생하게 그 시절을 들여다볼 수 있습니다.

사진을 찍는 행동은 영원에 대한 갈망과도 관련이 있습니다. 행복한 시간을 보내고 있으면 그 시간이 영원하길 바랍니다. 하지만 시간이라는 거대한 힘 앞에서 인간은 언제나 무력했습니다. 과거의 어떤 권력자도 시간을 거스르거나 영원을 소유할 수 없었습니다. 사진이 발명되기 전까지는 말입니다. 사진이 없었을 때 지금 이 순간을 붙잡을 수 없었습니다. 이제는 순간을 카메라로 포착하여 영원히 남길 수 있습니다. 갈망했던 영원을 스마트폰의 사진 버튼 하나로 손에 넣을 수 있게 되었습니다. 소중한 사람은 어떤 형태로든 곁을 떠나지만, 사진은 시간이 흘러도 그대로 남습니다. 그래서 사진을 찍으며 소중한 순간을 잃어버리지 않고 간직하려고 합니다.

우리는 너무나 많은 것을 놓치며 살고 있기 때문에 자연스럽게 사진에 의지합니다. 관심은 한정적이고 인식은 편향적이어서 눈앞에 벌어지는 일조차 보지 못할 때가 많습니다. 자신 앞의 세상을 제대로 보려면 많은 노력이 필요합니다. 예를 들어 화가가 풍경을 그리려면 눈에 잘 보이는 곳뿐만 아니라 모든 작은 부분에 주의를 기울여야 합니다. 그러려면 적어도 몇 시간 이상 대상을 관찰해야 합니다. 10분짜리 영상을 끝까지 보는 것도 버거워하는 현대인에게는 몇 시간 동안 한 곳을 보는 것은 형벌같습니다. 우리는 날마다 더 많은 것을 보며 살아가지만 그 어떤 것도 화가처럼 보고 있지 못합니다. 세상을 선택적으로 인지하고 부분적으로 기억할 뿐입니다.

인간의 선택적 인지에 관한 흥미로운 심리실험이 있습니다. 하버드대 심리학자 대니얼 사이먼스와 크리스토퍼 차브리스는 '보이지 않는 고릴라'라는 실험을 진행했습니다. 이들은 실험 참가자에게 한 동영상을 보여주고 화면 속에서 사람들이 공을 주고받는 횟수를 세도록 합니다. 사실 이 영상에는 공놀이를 하는 사람들만 나오는 것이 아닙니다. 사람들이 공을 주고받는 동안 고릴라 복장을 한 사람이 정 가운데로 지나갑니다. 심지어 멈춰 서서 가슴을 두들깁니다. 영상을 다 본 실험 참가자들에게 "혹시 고릴라를 보셨습니까?"라고 물어보면 절반은 어리둥절해합니다. 공에 집중하느라 고릴라를 전혀 보지 못했기 때문입니다. 이 실험은 인간이 얼마나 선택적으로 세상을 보고 있는지 알려줍니다.

사진은 인간과 달리 보이는 모든 것을 담을 수 있습니다. 풍경을 그리는 화가처럼 사진은 눈이 닿지 못한 곳까지 모두 담아냅니다. 화가와 다른 점은 사진을 찍는 카메라는 아주 짧은 순간 동안 모든 것을 포착한다는 것입니다. 상황이 긴박할 때면 퓰리처 상을 받은 사진작가조차 자신이 무엇을 찍었는지 잘 모를 때가 있습니다. 사진을 찍고 나서야 알게 됩니다. 그 당시에 보지 못했던 부분이 사진을 볼 때 드러나는 것입니다. 사진에는 놓쳤을지도 모르는 수많은 디테일이 담겨있습니다. 흩날리는 머리카락 하나까지도 선명하게 포착되어 있습니다. 카메라가 자신이 보는 것을 편견 없이 그리고 선택하지 않고 담아내기 때문에 가능한 일입니다.

우리는 사진을 통해 순간을 이해하고, 자신에게 일어난 일을 잘 파악할 수 있으며, 세상을 섬세하게 바라볼 수 있습니다. 매일 사진을 찍으며 살다 보면 사진이 삶 그 자체처럼 느껴집니다. 많은 사람들은 이런 특성 때문에 사진이 '현재 있는 그대로의 세상'을 담는다고 생각합니다. 물론 사진이 세상을 더 잘 이해할 수 있도록 돕는 것은 맞습니다. 하지만 모든 기술에는 한계가 있습니다. 사진도 마찬가지입니다.

사진 속에는 내가 없다

사진이 평소 보는 것을 넘어선 진짜 세상을 보여주는 것 같지만 결국 인지의 한계를 넘어서지 못합니다. 사진에 대해 오해하는 이유는 우리가 자신에 대한 오해하고 있기 때문입니다. 사진이 세상을 보는 방식은 근본적으로 우리가 세상을 보는 방식과 다르지 않습니다.

우리는 평소에 눈에 보이는 것을 의심 없이 받아들이고 그것을 담은 사진 또한 마찬가지로 신뢰합니다. 하지만 보이는 것이 전부가 아닙니다. 책상과 같은 사물을 볼 때 과연 무엇을 보고 있는지 고민하지 않습니다. 만약 빨간 조명이 있는 곳에서 책상을 본다면 '빨간 책상이구나'라고 생각할 겁니다. 전혀 의심하지 않고 눈에 보이는 것을 믿습니다. 그러다 햇빛 아래서 같은 책상을 본다면 잘못 봤다는 것을 깨닫게 됩니다. 심지어는 그것이 같은 책상이라는 것조차 모를 수 있습니다.

빛 이외에도 우리를 착각하게 하는 것이 있습니다. 바

로 우리의 시점 즉, 관점입니다. 방 안에서 다른 사람이 다른 각도에서 책상을 본다면 내가 보는 책상과 그 사람이 보는 책상은 다를 수밖에 없습니다. 이러한 시각 정보를 데이터로 비교한다면 두 관점에서의 책상은 전혀 다릅니다. 두 사람은 같은 책상을 보고 있다고 생각하겠지만 말입니다.

책상을 보는 사람은 전체를 보고 있다고 생각하지만 한순간에 보고 있는 것은 단지 한 단면일 뿐입니다. 책상의 앞면을 보고 있을 때는 뒷면을 볼 수 없고, 뒷면을 보고 있을 때는 앞면을 볼 수 없습니다. 책상을 수도 없이 많이 봤기 때문에 한 면만 보고도 전체를 추론할 수 있겠지만, 복잡한 구조물의 경우 한 관점만으로 전체를 파악하는 것은 어렵습니다.

사진은 대상의 한 단면만을 담기 때문에 그 존재에 대한 오해를 일으킵니다. 그 어떤 구조물보다 복잡한 것이 사람입니다. 사진이 아무리 정밀하게 피사체를 담아낸다고 해도 사람이라는 존재를 담기에는 부족합니다. 다른 사람이

나의 기뻐하는 모습을 사진으로 찍었다면 그 사진은 있는 그대로의 나를 담은 걸까요? 사진만 보면 웃고 있으니 '잘 웃는 사람'이라고 생각할 겁니다. 하지만 사람은 기쁜 순간 만큼 슬프거나 화나는 순간도 많습니다. 그 사진은 이런 수 많은 순간 중 단 하나를 담은 것뿐입니다. 사진을 보며 누군 가를 안다고 생각한다면 오해를 하는 것입니다. 간단한 구 조를 가진 책상도 담아내지 못하는 사진이 인간이라는 복잡 한 존재를 담아낼 수는 없습니다.

사진의 한계는 이에 그치지 않습니다. 사진은 맥락을 생략합니다. 만약 누군가 손을 흔드는 순간을 사진으로 찍 는다면 그 사람이 손을 흔드는 방향을 알지 못합니다. 웃고 있는 사람의 사진을 볼 때 울다가 웃었는지 아니면 계속 웃 고 있었는지 알 방법이 없습니다. 사진에서는 맥락이 생략 되었기 때문에 보는 사람에 따라 같은 대상이 전혀 다르게 인식될 수 있습니다.

다양한 인식으로 인해 사건이 여러 개인 것처럼 보일

수 있지만 실제 세상에서는 하나의 사건만 일어났습니다. 하나의 사건에 대한 여러 해석이 있는 것은 사진의 한계와 우리의 한계를 드러내는 것입니다. '장님 코끼리 다리 만지기'라는 유명한 말이 있습니다. 눈을 가린 채 코끼리를 만지면 자신이 무엇을 만지고 있는지 알기 어렵습니다. 다리를 만진 사람과 코를 만진 사람 그리고 꼬리를 만진 사람은 각자 전혀 다른 대상을 떠올릴 겁니다. 코끼리는 하나지만 인식 속에서는 여러 다른 존재가 됩니다. 눈을 가리고 코끼리를 만지는 사람처럼 맥락 없이 사진으로만 세상을 보는 사람은 오해할 수밖에 없습니다.

게다가 카메라가 포착하는 것이 주체가 아닌 객체라는 사실을 종종 간과합니다. 영화 《트루먼쇼 The Truman Show》는 이를 잘 보여주는데, 이 영화에서는 주인공 트루먼의 탄생부터 모든 순간을 카메라로 녹화해 TV로 중계합니다. '트루먼쇼'라는 이름의 TV 프로그램을 통해 수많은 시청자가 트루먼의 희로애락의 순간을 함께하지만 정작 본인은 자신의 삶이 하나의 쇼에 불과하다는 사실을 모릅니다. 결국 이 모든 것이 거짓임을 깨닫고 거대한 세트장을 탈출하고 나서야 세트장 밖 사람들에게 낯선 타인이 됩니다. 아무리 트루먼의 모든 순간을 촬영했다 해도 보이는 것은 객체일 뿐입니다. TV쇼를 본 사람들은 그를 안다고 생각하겠지만 주체로서의 트루먼은 오직 자신만이 알 수 있습니다. 그가 죽어도 트루먼쇼는 남겠지만 트루먼이라는 존재는 사라집니다.

사진은 세상의 한 단면만을 포착하고 맥락을 생략한 채 객체로만 세상을 바라봅니다. 사진을 통해 '있는 그대로의 세상'을 보는 듯 하지만 결국 틀 안에서 세상을 보고 있을 뿐입니다.

날아갔지만 움직이지 않은 화살

사진에 대한 의문은 여기서 끝나지 않습니다. 사진이 현재를 담는다고 당연하게 생각하지만, 과연 그럴까요? 이 질문에 답하려면 먼저 현재가 무엇인지 알아야 합니다. 하지만 이는 쉽지 않은 일입니다. 시간에 대한 통념이 너무나 많기 때문입니다. 시간에 대한 틀에서 벗어나려면 철학과 과학의 힘이 모두 필요합니다.

현재라 하면 보통 순간을 떠올립니다. 사진도 순간을 담은 것입니다. 현재를 순간이라고 여기면 사진이 현재를 담았다고 느낄 것입니다. 카메라는 셔터가 열리고 닫히는 찰나의 시간 동안 빛에 노출이 되고, 그동안 모은 빛으로 사진을 만들어 냅니다. 이 순간은 너무나 짧아서 세상이 멈춘 것처럼 느껴집니다.

우리는 이 시간 동안 기껏해야 하나 정도의 사건만을 인식할 수 있습니다. 찍힌 사진 속에서는 움직임이 없습니다. 그와 마찬가지로 우리의 눈에는 현재가 멈춰 있는 것으로 보입니다. 만약 현재가 멈춘 것이라면 이어지는 것처럼 보이는 시간은 사실 멈춰 있는 순간들의 연속일 겁니다.

현재가 멈춰 있는 순간이라면 예상치 못한 문제가 생깁니다. 고대 그리스 철학자 제논은 '화살의 역설The Arrow Paradox'로 이를 설명했습니다. 화살의 역설에는 날아가는 화살이 등장합니다. 더 이상 쪼갤 수 없는 짧은 순간이 있다면 그 순간에 화살은 어느 한 점에 정지해 있을 것입니다. 화살이 순간 동안 움직일 수 있으려면 더 작은 순간으로 쪼개져야 하는데, 이건 이미 가정과 모순됩니다. 각 순간에 화살이 멈춰 있다면 화살이 날아가는 전체 과정은 정지한 순간들의 연속일 뿐입니다. 그렇다면 아무리 많은 정지한 순간들을 이어 붙여도 화살은 날아가지 않은 것이 됩니다. 화살의 운동을 직접 목격했다 하더라도 말입니다.

제논은 운동이란 이론적으로 설명할 수 없다고 주장했습니다. 하지만 순간을 무한히 쪼갤 수 있는 것으로 본다면 운동을 설명할 수 있습니다. 학교에서 배운 미적분이 바로 그 해법입니다. 미분을 통해 무한히 작은 순간의 속도를 구할 수 있습니다. 제논은 각 순간에 화살이 정지해 있다고 생각했지만 미분에 따르면 화살은 각 순간에 '특정한 속도'를 가집니다. 이를 통해 그 순간에 화살이 얼마나 빠른 속도로 날아가고 있는지 알 수 있습니다.

사실 미적분은 화살의 역설에서 제기하는 기본 가정도 제대로 답하지 못합니다. 시간이 과연 무한히 쪼갤 수 있는 연속적인 것인지 혹은 최소 단위로 구성된 불연속적인 것인지 확신하기 어렵습니다. 오늘날에도 많은 철학자와 수학자들이 이 역설의 해답을 찾고자 합니다. '현재가 멈춰 있는 순간인가?'라는 질문은 이처럼 단순히 답할 수 있는 문제가 아닙니다.

아우구스티누스가 깨달은 것

시간에 대한 또 다른 통념은 '시간이 흐른다'고 보는 것입니다. 우리는 과거와 미래 이야기를 많이 합니다. 보통 시간이 미래에서 현재를 거쳐 과거로 흘러간다고 생각합니다. 일상의 경험이 이러한 생각을 뒷받침합니다. 시계를 가만히 보고 있으면 흘러가는 시간을 볼 수 있습니다. 예를 들어 12시에 시계를 본다면 11시 50분이 과거이고 12시 10분은 미래입니다. 10분이 지나면 미래였던 12시 10분은 현재가 되고, 현재였던 12시는 과거가 됩니다. 이런 경험 때문에 자연스럽게 '과거와 미래가 있다'고 생각하는 것입니다. 하지만 언제나 그렇듯 이 당연한 생각을 의심하는 사람이 있었습니다. 무려 1,500년도 더 전에 말입니다.

신학자이자 가톨릭교회의 성인인 아우구스티누스는 과거와 현재 그리고 미래의 존재를 의심했습니다. 시간은 인간에게 수수께끼와 같습니다. 그는 『고백록Confessiones』에서 이렇게 말했습니다. "시간이란 무엇입니까? 아무도 묻지 않는다면 나는 알고 있습니다. 하지만 누군가가 물어서 설명하려 하면 나는 시간이 무엇인지 모릅니다." 시간에 대한 기존의 통념과 달리 그는 과거는 이미 지나갔기에 없는 것이고, 미래는 아직 오지 않았기에 또한 없는 것이라고 보았습니다.

그러나 과거와 미래가 없다고 치면 일상적으로 겪는 여러 경험을 설명할 길이 없습니다. 누구나 어릴 적 기억을 가지고 있으며 기억은 분명히 과거입니다. 과거가 없다면 기억도 없어야 합니다. 또한 미래가 없다면 성경 속 여러 예언자가 미래를 미리 보고 말할 수 없습니다. 그는 이러한 모순 속에서 과거와 미래가 과연 어디에 있는 것인지 사유합니다.

아우구스티누스는 결국 현재 속에 과거와 미래가 모두 들어있다는 결론을 내립니다. 그는 이 세 가지 시간이 모두 인간의 마음속에 있다고 말합니다. 그가 관심을 가진 문제는 '어떻게 시간은 측정될 수 있는가?'입니다. 그는 현재를 순간이라고 보았지만, 그 순간은 더 작은 순간으로 쪼개질 수 있다고 생각했습니다. 1년은 1달로, 1달은 하루로, 하루는 한 시간으로 더 짧은 시간 단위로 볼 수 있습니다. 순간을 계속 쪼갤 수 있다면 현재는 시간의 길이를 가지고 있지 않게 됩니다. 따라서 현재만으로는 시간을 측정할 수 없습니다.

만약 현재가 마음속에서 과거와 미래와 함께 연장되어 있지 않는다면 어떤 시간도 측정할 수 없습니다. 아우구스티누스에 따르면 시간을 측정하는 것은 과거라는 기억과 현재라는 지각 그리고 미래라는 기대를 통해서 가능합니다. 음악을 듣는 것을 예로 들면 우리는 이미 지나간 음을 기억으로 붙잡고, 현재의 음을 지각으로 들으며, 다가올 음을 기대하기 때문에 음악을 들을 수 있습니다. 만약 현재 음만이 머릿속에 있다면 음악을 듣는 것은 불가능할 것입니다. 음악뿐만 아니라 대부분의 경험은 현재만으로는 설명할 수 없습니다. 기억과 기대가 없다면 다른 사람의 이야기를 듣는 것도, 책을 읽는 것도, 영화를 보는 것도 불가능합니다. 이러한 이유로 그는 시간이 외부에서 흐르지 않고 마음 안에서 구성된다고 말했습니다.

시간이 우리 안에 있다는 아우구스티누스의 말은 허무맹랑하게 들릴 수 있습니다. 그동안 시간이 우리 밖에 있는 객관적인 것이라 배워왔기 때문입니다. 학교에서 배운 지식들은 시간을 당연하게 독립적인 변수로 다룹니다. 가령 물체의 속도는 거리를 시간으로 나눈 값입니다. 이 수식을 배우는 사람은 당연히 시간이 독립적이라고 생각하게 됩니다.

이렇게 시간을 독립적으로 보는 관점은 물리학의 아버지인 뉴턴으로부터 시작되었습니다. 일반적으로 시간은 세상의 변화를 통해 측정됩니다. 그렇기 때문에 변화가 없으면 시간도 없는 것처럼 보입니다. 뉴턴은 이와 다른 관점을 가졌습니다. 그는 세상의 모든 것이 정지해 있더라도 독립적으로 흐르는 '절대 시간'이 있다고 말했습니다.

절대 시간이 실제 세상에서 무엇에 해당하는지 설명하기 어렵지만 수학적으로는 단순히 't'라는 변수로 표현할 수 있습니다. 이러한 단순함과 실용성 덕분에 객관적인 시간이라는 개념은 물리학이 수세기 동안 발전하는 과정에서 살아 남았습니다. 비록 아인슈타인에 의해 시간의 절대성과 독립 성은 무너졌지만 여전히 시간은 객관적인 것으로서 다뤄집 니다.

아우구스티누스의 말처럼 시간이 온전히 우리의 마음 속에만 있는 것이라 말하기는 어렵습니다. 하지만 시간이 객관적이기만 한 것은 아닙니다. 시간은 세상을 보는 방식 에 따라 변합니다. 시간은 주관적일 수 있습니다. 시간의 주 관성을 이해하려면 '엔트로피entropy'라는 개념이 필요합니 다. 엔트로피는 세상이 얼마나 무질서한지 수치화한 것입니 다. 예를 들어 청소하지 않은 어지러운 방은 '무질서하다'고 할 수 있고, 청소를 한 깨끗한 방은 '질서가 있다'라고 할 수 있습니다. 이 정도를 '무질서도'라고 부르며, 엔트로피는 무 질서도를 수식으로 표현한 것입니다. 바로 이 엔트로피가 왜 시간이 왜 한 방향으로 흐르는 것인지를 설명해 줍니다.

열역학에는 몇 가지 절대적인 법칙이 있는데 그중 열역

학 제2법칙이 엔트로피와 관련이 있습니다. 열역학 제2법칙은 '엔트로피의 총량은 지속적으로 증가한다'라는 것입니다. 예를 들어 방 안에 20명의 사람이 있다고 상상해 보겠습니다. 한쪽에 20명이 모두 모여 있다면 이는 질서 정연한 상태입니다. 즉, 무질서도가 낮으며 엔트로피가 낮은 상태입니다. 반면 20명이 방 안에 이리저리 퍼져 있다면 한쪽에 모여 있을 때보다 상대적으로 무질서한 상태이며 엔트로피가 높습니다.

자연에서 관찰되는 현상은 항상 엔트로피가 낮은 상태에서 높은 상태로 변화합니다. 방 안에 모여 있던 사람들이 자연스레 퍼지는 것처럼 말입니다. 담배 연기가 공기 중에서 서서히 퍼지는 것도 마찬가지입니다. 시간이 과거로 돌아가지 않는 이유가 바로 여기에 있습니다. 과거가 미래보다 더 정돈되어 있었고 엔트로피는 결코 줄어들지 않기 때문입니다.

하지만 오스트리아의 물리학자인 볼츠만은 "엔트로피

가 존재하는 이유는 우리가 세상을 희미하게 설명하기 때문"이라고 이야기했습니다. 만약 방 안에 있는 공기 입자까지 고려한다면 20명이 방 안에 어떻게 있든지 무질서도는 동일할 수 있습니다. 그는 엔트로피에 따라 설명되는 시간의 흐름은 세상을 있는 그대로 세세하게 보지 못하기 때문이라고 말합니다. 만약 아주 세세하게 세상을 볼 수 있다면 기존에 알던 시간관념은 무너지고 미래와 과거의 구분이 사라질 수 있습니다. 세상을 보는 관점은 이만큼 중요합니다.

우리는 시간과 현재를 명확히 안다고 생각하기 때문에 사진이 현재를 담는다고 생각합니다. 하지만 시간과 현재는 마치 우리 자신의 존재처럼 알기 어렵습니다. 사진에 대해 아는 것은 '원래 비어 있던 필름이 빛에 노출되면서 만들어졌다는 사실'입니다. 빈 필름은 아직 오지 않은 미래이며 사진은 이미 지나가버린 과거입니다. 사진이 만들어지는 과정은 지각을 넘어섭니다. 그 과정은 도달하지 않은 빛에 해당하며 도달하지 않은 빛은 볼 수 없기 때문입니다.

사진만으로는 '과연 화살이 날아가고 있는 것인가?'라는 질문에도 대답할 수 없습니다. 화살이 정말 날아가는 것인지, 아니면 단지 어느 한 지점에 멈춰 있는 순간들의 연속인지 구분하기가 쉽지 않습니다. 만약 화살의 운동성을 알 수 없다면, '우리의 있음'도 알 수 없게 됩니다. 우리 존재가 정적인지 동적인지조차 모호해진다는 뜻입니다.

우리의 있음은 지각을 초월합니다. 이에 대해 알기 위해서는 상상과 사유로 현재에 접근해야 합니다. 시간을 바라보는 관점이 시간 자체에 영향을 미치듯 사유는 자신의 존재에 영향을 줄 수도 있습니다. 그렇기 때문에 '어떻게 보이는가'가 아니라 '어떻게 보는가'가 중요합니다.

보이는 걸 보는 건 충분하지 않다

우리는 자신을 마치 바위처럼 생각합니다. 바위는 시간과 무관하게 그대로 있는 것처럼 보입니다. 자신도 바위처럼 시간에 따라 변하지 않고 그 모든 변화로부터 동떨어진 것으로 생각합니다. 하지만 우리는 모든 순간 시간 속에서 시간과 관계 맺으며 있습니다. 자신을 바위로 보는 것은 마치 이데아 속 본질이라는 개념으로 자신을 바라보는 것과 같습니다. 변하지 않는 본질로서 자신을 바라보는 것입니다. 우리의 사유에 바위는 그다지 도움이 되지 않습니다. 고정된 바위 대신, 끊임없이 움직이는 파도야말로 우리의 있음에 한 걸음 더 가깝게 다가서도록 인도합니다.

바다에 가면 항상 파도가 일고 있습니다. 시간이 미래에서 현재 그리고 과거로 흘러간다고 생각하는 것은 바다의 입장에서 파도를 보는 것과 유사합니다. 바다의 입장에서 파도는 한 방향으로 흘러갑니다. 저 먼바다에서 해변 쪽으로 파도가 치는 것입니다. 파도가 닿을 것이라 생각하는 해변이 미래이고 파도가 지나온 곳이 과거라고 볼 수 있습니다. 따라서 우리 눈에는 같은 파도가 과거에서 미래로 향하고 있습니다. 파도라는 변하지 않는 것이 있고 그것이 움직인다고 생각하는 것입니다. 하지만 파도의 입장에서 보면 단 한 순간도 동일했던 적이 없습니다. 왜냐하면 파도는 만들어지면서 없어지고 있기 때문입니다. 현재 속에서 파도는 변하지 않는 바위가 아니라 하나의 사건이자 과정입니다. 파도는 생성되면서 동시에 해체되는 과정입니다.

파도를 통해 현재를 바라보는 관점은 노자의 관점과 유사합니다. 노자는 세상을 고정된 것이라 보지 않았습니다. 그는 도道를 세상의 근본 원리로 생각했는데, '유무상생有無相生'이라는 말로 도道를 표현했습니다. 우리는 보통 세상을 '유有', 즉 있는 것으로만 보고 경험합니다. 하지만 '무엇이 있다'는 것은 '없는 것이 있다'는 말이기도 합니다. 노자는 있음유有과 없음무無는 서로 반대되는 것이 아니라 서로로 인해 있을 수 있다고 생각하며 유有와 무無는 서로를 살게 한다고 말한 것입니다. 노자는 세상을 고정된 본질로 바라보지 않고 관계로서 바라보며 세상이 있음과 없음의 경계면으로 생성된 것이라고 생각했습니다.

파도도 마찬가지입니다. 파도는 생성되면서 동시에 해체가 되고 있습니다. 생성은 없는 것無이 있는 것有이 되는 과정이며 해체는 있는 것有이 없는 것無이 되는 과정입니다. 파도의 있음은 어느 한 과정만으로는 설명할 수 없습니다. 생성과정과 해체과정이 함께 파도를 있게 합니다.

파도는 과정이기 때문에 있다고 말할 수도 없다고 말할 수도 없습니다. 생성과정만 보면 있는 것이며 해체과정만 보면 없는 것입니다. 파도가 과정이라면 우리도 과정일 수 있습니다. 변하지 않는 내가 세상에 보이는 것이 아니라 변화 그 자체인 내가 현재인 것입니다. 나는 그 무엇이 아닙니다.

우리는 세상을 명확하게 정의하려고 하는 경향이 있습니다. 그래서 '생성이면 생성이고 해체면 해체지 어떻게 그 두 가지가 하나일 수 있는가?'라는 의문이 자연스럽게 생기곤 합니다. 우리는 세상을 못 박아둔 것처럼 고정된 시각으로 보는 경향이 있으며, 모든 것을 서로 분리하며 각자 따로 보려고 노력합니다. 이런 편견이 우리로 하여금 현재 속에 살아가는 우리 자신을 이해하는 것을 막고 있습니다.

세상을 고정된 것으로 보는 것은 마치 사진을 찍고 그 사진을 보는 것과 같습니다. 찍힌 사진이 변하지 않기 때문입니다. 다른 사람을 볼 때도 이와 같은 방식으로 보고 있습니다. 우리는 서로를 '과정'으로 보지 않습니다. 고정된 대상으로 보고 싶어 합니다. 20세기 실존주의 철학자인 장 폴 사르트르는 이러한 타자와의 관계를 깊이 탐구했습니다. 그는 세상에 있는 존재를 두 가지로 나눴습니다. 의자처럼 있는 그대로 있는 '즉자존재'와 우리와 같이 자신의 존재를 만들어가야 하는 '대자존재'로 말입니다. 문제는 타자와 나의 관계입니다. 타자는 나를 볼 때 대자존재로 보는 것이 아니라 즉자존재로 봅니다. 과정이 아니라 어떤 것이라고 못 박아두고 보는 것입니다.

우리는 끊임없이 자신이라는 카메라로 세상을 보며 사

진을 찍습니다. 자신의 관점이 세상을 왜곡하고 있을 가능성을 전혀 생각하지 못한 채 말입니다. 사진을 찍는 방식으로는 '존재의 있음'을 볼 수 없습니다. 우리는 현재에 초점을 맞추려고 할 때마다 실패합니다. 왜 그럴까요? 현재는 마치 도달하지 못한 빛 같아서 포착할 수 없기 때문입니다. 현재를 과정으로 보지 못하는 것입니다. 이미 자신의 여정을 끝낸 빛 만이 우리에게 보입니다.

그것이 바로 사진입니다. 보이는 것만으로 세상을 바라본다면 현재를 볼 수 없습니다. 나 자신과 타인을 진정으로 보고 싶다면 보이는 것을 보는 것으로 충분하지 않습니다. 우리의 존재를 담고 있는 현재를 먼저 볼 수 있어야 합니다. 현재는 직관을 넘어선 것이기에 보이는 것을 넘어 상상으로 세상을 바라봐야 합니다. 그리고 나 자신과 다른 사람이 사진으로 찍을 수 없는 존재라는 것을 알아야 합니다. 기술의 시대에 살다 보면 모든 것을 기술의 관점으로만 바라보게 됩니다.

　　하지만 나와 타인이라는 존재에 닿을 가능성이라도 얻기 위해선 기술의 한계를 뛰어넘어야 합니다. 이제껏 그래왔듯이 말입니다.

애프터썬 Aftersun

이 리뷰는 스포일러를 포함하고 있습니다.

《애프터썬 Aftersun》은 2023년에 개봉한 샬롯 웰스 감독의 데뷔작입니다. 우리는 가족들과 함께 보낸 시간을 사진이나 캠코더를 통해 동영상으로 남깁니다. 이제는 곁에 없는 사람들을 떠올리고 싶을 때면 기록해 둔 사진이나 영상을 꺼내 보곤 합니다. 사진을 보며 그때 있었던 일을 음미합니다.

영화는 소피라는 주인공이 어느 날 캠코더에 있던 영상을 재생하면서 시작됩니다. 캠코더에 담긴 영상은 20년 전 아빠와 단 둘이 함께 떠난 튀르키에 여행이었습니다. 캠코더 영상이 끝나고 이제는 어른이 된 소피는 그 여행을 천천히 기억해 보기 시작합니다. 당시 소피는 11살이었고 아빠는 31살이었습니다. 겉보기에는 행복한 여행처럼 보이지만, 영화는 점차 밝은 화면 이면에 감춰진 어두운 면을 드러냅니다.

사진이나 영상을 찍을 땐 그때 우리의 모습을 다 담은 것 같지만 사실 카메라로 담을 수 있는 것은 일부일 뿐입니다. 웃고 있는 표정 뒤로 어떤 감정을 느끼고 있는지 알 수 없습니다. 카메라가 포착하지 못한 세상에서 어떤 일이 있었는지도 알 수 없습니다. 그렇다면 기억이 진실을 알려줄까요? 기억은 진실을 자주 왜곡합니다. 가족끼리 여행 갔을 때 신분증을 두고 온 실수를 누가 했는지 각자 다르게 기억하는 일이 있을 수 있습니다. 분명 같은 일을 겪었는데 기억이 사실을 왜곡하는 것입니다. 카메라도 기억도 진실을 있는 그대로 담지 못하기에 어떤 일이 있었는지 상상에게 맡길 수밖에 없습니다.

영화는 이를 분명히 보여주진 않지만, 이 여행은 소피와 아빠가 함께한 마지막 시간이었던 듯합니다. 이후 아빠는 극단적 선택으로 세상을 떠난 것으로 암시됩니다. 하지만 소피는 아빠와 함께 했던 여행 동안 즐거운 기억 밖에 없었습니다. 그때의 소피로서는 아빠에게 어떤 일이 있는지 알 수 없었습니다. 기억으로도 아빠에게 있었던 진실을 알 수 없었기에, 소피는 상상으로 아빠에 관한 진실을 그려냅니다.

영화 중반쯤 호텔방에서 소피는 소파에 앉아서 즐겁게 이야기를 하고 아빠는 화장실에서 피를 흘립니다. 사실 이는 소피의 상상 속 장면입니다. 그녀는 힘들어하는 아빠가 자신의 그 내면을 보여주지 않으려고 노력한다고 생각합니다. 마지막에 이르러서는 아빠와 함께 춤을 추게 되는데 배경으로 나오는 노래에서 "This is our last dance 이게 우리의 마지막 춤이야"라는 가사가 흘러나옵니다. 영화는 어두운 공간에서 점멸하는 빛 아래 고통스러워하는 아빠를 소피가 부둥켜 안으며 몸부림치는 장면과 밝게 어린 소피와 춤을 추는 아빠의 모습을 교차로 보여 줍니다. 그래서 관객은 과거를 회상하며 아빠를 이해하고자 하는 소피의 마음을 영화적으로 경험하게 됩니다.

다시는 만날 수 없는 상황이 아니더라도, 매일 마주보며 살아가고 있을지라도, 소중한 사람의 내면 깊숙한 곳은 알 수 없습니다. 우리는 서로를 마치 사진처럼 단편적으로만 볼 수 있을 때가 많습니다. 그래서 어쩌면 소피가 아빠를 상상으로 이해하려고 했듯이, 앞에 있는 소중한 사람의 마음을 이해하려면 눈에 보이는 것을 넘어서서 상상으로 다가서야 할지도 모르겠습니다.

첫 장면에서 소피는 "아빠는 11살 때 31살이 되었을 때 무엇을 하고 있을 거라고 생각했어?"라고 물어봅니다. 그의 대답은 첫 장면에 담기지 않았는데 나중에 동일한 장면이 다시 나옵니다. 아빠는 현재의 자기 모습이 만족스럽지 않기 때문에 소피의 질문을 불편해합니다. 카메라를 꺼달라는 말에 소피는 캠코더를 내려놓고 "11살 생일 때 뭘 했어?"라고 질문을 바꿔 물어봅니다. 그때 아빠는 자신의 어렸을 때 이야기를 담담하게 그리고 솔직하게 이야기합니다.

아빠의 진심에 가까운 이야기를 소피는 카메라를 끈 다음에야 들을 수 있었습니다. 그래서 기억과 상상으로만 떠올리고 있습니다. 기술은 여행에 들고 가는 캠코더와 같습니다. 기술을 통해 진짜 세상을 보는 것처럼 착각하게 합니다. 하지만 알아야 하는 진짜 중요한 것은 기술의 한계를 넘어선 곳에 있습니다.

자신과 소중한 사람에 대해 알고 싶다면 카메타와 사진을 내려놓고 사람이라는 세계 속으로 탐험을 떠나야 하는 것이 아닐까요?

photo from film *Aftersun*

3장

삶에 어떤 의미가 있을까

"영화감독이 되는 유일하게

올바른 길은 자신만의 관점을 갖고

영화의 모든 수준에 그 관점을 씌우는 것이다."

에밀 쿠스투리차 Emir Kusturica

속지 않으면 즐길 수 없다

우리는 착각을 하며 살아갑니다. 영화는 착각을 이용하는 기술이자 예술입니다. 영화 'movie'의 어원은 'moving pictures' 즉 활동사진입니다. 움직이는 사물을 촬영한 사진들을 빠르게 보여주면 눈 앞에서 움직이는 것처럼 느낍니다. 뇌 속에서 이전 사진의 이미지가 사라지기 전에 다른 사진이 보이기 때문입니다. 실제로 보는 것은 정지한 사진의 연속이지만 눈 앞에 영상이 재생되고 있다고 착각합니다. 신기한 사실이지만 이는 영화의 시작일 뿐입니다. 영화는 사진을 빠르게 보여주는 것에서 멈추지 않고 발전해 왔습니다.

첫 영화는 단 2초 동안 재생되는 영상이었습니다. 그로부터 100년이 넘게 지난 지금, 영화의 평균 길이는 2시간에 달합니다. 기술이 발전하면서 달리는 말과 같은 단조로운 움직임을 넘어 많은 것을 표현할 수 있게 되었습니다. 영화의 가장 작은 단위는 프레임frame인데 이는 한 장의 사진에 해당합니다. 프레임이 모여 쇼트shot : 한 번의 촬영가 되고 쇼트가 모여 씬scene : 한 공간에서의 촬영이 되며 씬이 모여 시퀀스sequenc : 한 이야기 흐름를 이룹니다. 일반적으로 영화는 보통 8개에서 10개의 시퀀스로 구성되어 있으며 이런 구조를 통해 다양한 이야기를 담아냅니다.

영화는 관객을 더 잘 속이도록 발전했습니다. 2차원의 화면을 보고 있지만 관객은 깊이가 있다고 느낍니다. 깊이라는 착각을 만들어내기 위해 다양한 촬영과 편집 기법을 사용합니다. 남녀가 대화하는 장면을 생각해 볼까요? 여자가 이야기하는 장면을 보여줄 때 남자의 어깨가 화면에 함께 보이도록 하면 자연스레 깊이가 느껴집니다. 이를 어깨를 걸고 찍는다 해서 '오버 더 숄더 샷*over the shoulder shot*'이라고 부릅니다. 소리도 깊이감을 만드는 중요한 역할을 합니다. 가까운 곳에서 난 소리는 크게 들리고 멀리서 난 소리는 작게 들립니다. 이 원리를 활용해 착각을 만들어 낼 수 있습니다. 폭탄이 멀리서부터 차례로 터지면서 소리가 커지면 관객은 폭탄이 가까워지고 있다고 느낍니다. 즉, 깊이를 느끼는 것입니다.

영화는 착각을 이용하지만 우리는 그 사실을 잊은 채 영화를 봅니다. '이건 착각이야!'라고 생각하면서 빠져들기는 어렵습니다. 진정으로 영화를 즐기려면 현실이라고 느껴야 됩니다. 그 어떤 영화라도 말입니다. SF 영화들은 대부분 실제로 일어나기 어려운 일을 보여주는데 우주여행이 대표적인 예입니다. 우주를 여행하는 장면은 너무 당연하게도 현실성이 없습니다. 하지만 이 장면을 볼 때 실제처럼 느끼지 못한다면 몰입하기 어렵습니다. 자신도 모르게 영화에게 그 일이 일어날 법하다고 설득당하고 있는 겁니다.

사실 영화가 표현하는 모든 세계는 허구입니다. 아무리 사실적인 영화라도 '실제라고 느껴지는 가상의 세계'를 보여줄 뿐입니다. 화면 속에서 누구나 하는 고민을 하는 주인공을 보면 마치 현실에 있는 일처럼 느껴집니다. 하지만 그 일은 현실에서 일어난 적이 없습니다. 영화가 자신이 보여 주고 있는 것이 마치 실재하는 것처럼 교묘하게 속이는 것입니다. 감독은 허구의 세계를 만들어내고 관객은 그 세계를 현실처럼 체험하고 경험합니다.

영화가 현실처럼 느껴지는 이유는 우리가 착각 속에 살고 있기 때문입니다. 착각은 세상을 살아가는 하나의 방식입니다. 빨간 조명 아래에서 본 책상을 빨간 책상이라고 착각하고, 사진을 찍는 짧은 순간 세상이 멈췄다고 느끼는 것처럼 말입니다. 흔히 깨달음이 착각에서 벗어나게 해 준다고 생각합니다. 하지만 '지구가 돈다'는 것과 같은 깨달음을 얻어도 또 다른 착각의 세계로 들어갈 뿐입니다. 꿈에서 깬 줄 알았는데 사실 그 마저도 꿈인 것처럼 말입니다.

우리는 단순히 착각 속에 사는 게 아니라 '착각 속의 착각'에 살고 있습니다. 착각으로 이뤄진 세계를 보고 살아갈 뿐 진짜 세상을 보지 못합니다. 이렇게 보면 착각이야말로 현실일지도 모른다는 생각을 하게 됩니다.

낯선 곳에 던져졌다

영화를 보는 관객의 모습은 세상을 살아가는 우리의 실제 모습과 크게 다르지 않습니다. 영화관 밖에서는 실제 세상에서 살아간다고 생각하지만 이는 착각입니다. 영화관 안이든 밖이든 진짜 세상이 아닌 착각으로 이뤄진 세계 속에 있습니다. 우리는 그 어떤 세계도 만든 적이 없습니다. 영화는 감독이 만들었으며 세계는 저 먼 옛날부터 있어왔으니 말입니다. 결국 감독이 만든 영화를 감상하듯이 주변의 세계를 관객처럼 바라보며 살아가고 있는 것입니다.

영화를 감상할 때, 관객은 영화가 표현하는 세계를 이해하려고 노력합니다. 중세시대를 배경으로 한 영화를 본다면 관객은 그 시대 사람들의 삶을 파악하고 주인공을 둘러싼 환경을 파악하려 합니다. 영화는 초반 시퀀스에서 자신이 표현하고자 하는 세계를 소개하는데 이를 '오프닝 시퀀스opening sequence'라고 부릅니다. 오프닝 시퀀스는 당연하게도 관객이 아무런 정보 없이 보는 첫 장면입니다. 마치 아기가 태어나서 처음 보는 엄마의 얼굴 같습니다.

보통 영화가 뛰어나다고 할 때 엔딩을 많이 이야기합니다. 하지만 뛰어난 영화는 엔딩뿐만 아니라 오프닝도 탁월합니다. 처음 보는 장면은 머릿속에 오래 남습니다. 오프닝 시퀀스에서 관객을 끌어들이지 못하면 영화를 보는 내내 그 세계를 이해하지 못한 채로 감상해야 합니다. 이는 상당히 도전적인 과제입니다. 실제 세계를 이해하는 데는 적어도 10년 이상이 걸린다는 것을 생각해 보면 영화가 단 몇 분 만에 자신의 세계를 소개하는 것이 얼마나 어려운 일인지 짐작할 수 있습니다. 영화는 낯선 곳에 던져진 관객의 손을 잡고 친절하게 자신의 세계로 안내합니다.

우리가 세계를 파악하는 것은 영화를 볼 때만이 아닙니다. 매일 새로운 영화를 보듯이 자신 주변의 세계를 이해하려 노력합니다. 언어가 그 대표적인 예시입니다. 말을 배운다는 것은 곧 세계를 배우는 것입니다. '철학'이라는 단어를 배웠다면 아는 단어가 하나 늘어나는 것이 아니라 볼 수 있는 세계가 확장된 것입니다. 사람과의 만남도 마찬가지입니다. 모르는 사람을 만날 때마다 새로운 세계와 마주하게 됩니다. 그 사람의 이름이 무엇인지, 어떤 일을 하며 어디에 사는지 묻는 것은 그 낯선 세계를 이해하고 싶기 때문입니다. 이처럼 우리는 모든 순간 주변의 세계를 파악하고 있습니다. 자신이 인식하지 못할 때조차도 말입니다. 끊임없이 변하는 세상 속에서 매번 새로운 세계에 던져진 것처럼 살아갑니다.

'세계 속에 던져졌다'라는 말은 하이데거가 한 말입니다. 그는 인간을 '세계-내-존재'라고 불렀습니다. 인간은 홀로 있는 것이 아니라 세계 속에 있는 존재이며 세계와 관계를 맺고 있다는 것입니다. 보고 있는 영화가 어떤 영화인지 이해하려는 관객처럼 인간은 자신의 존재를 알아가려 노력합니다. 그의 철학 속에서 인간은 또 다른 말로 '현존재'라고 불리는데 이는 독일어로 '거기에 있음'을 뜻합니다. 일반적으로 '거기'라고 하면 물리적 공간을 말하지만 시간적인 개념인 현재도 '거기'라고 말할 수 있습니다. 우리는 세계 속 특정한 '거기'에 있습니다. 주변의 세계와 동떨어지지 않은 채 말입니다.

하이데거 이전의 서양 철학에서는 인간의 있음을 세계와 분리해서 이해하려 했습니다. 그는 이를 비판하며 인간은 단지 있는 것이 아니라 '거기에 있기' 때문에 세계의 맥락과 함께 이해해야 한다고 생각했습니다. 세계 속에 던져진 인간은 자신에 대해 끊임없이 질문을 던집니다. 인간은 미래를 향해 열려 있는 미완성의 존재입니다. 그리고 바로 그 미래가 인간으로 하여금 자신의 존재를 끊임없이 고민하게 합니다. 하이데거는 이처럼 시간 속에서 인간이 어떻게 있는지를 연구했다는 점을 생각하면 그가 쓴 대표적인 책의 이름이 왜 『존재와 시간 Being and Time』인지 알 수 있습니다.

관객으로 영화를 볼 때 영화와 자신을 분리된 것이라고 느낍니다. 관련 없는 관찰자로서 사건의 흐름을 지켜봅니다. 이 느낌은 영화관 밖에서도 이어집니다. 일상에서도 자연스럽게 세계와 자신을 분리된 것으로 여깁니다. 세계 속의 존재로서 자신을 바라보기는 어렵습니다.

'영화는 정답이 없다'라는 말이 있습니다. 영화는 단순히 보는 것이 아닌 적극적으로 참여하는 것이라는 뜻입니다. 관객은 참여를 통해 고유한 경험을 하게 됩니다. 같은 영화를 보더라도 사람마다 서로 다른 영화와 세계를 마주하게 됩니다. 나에게 차갑다고 느껴지는 영화가 다른 사람의 마음속에 불을 지필 수 있습니다. 다른 사람에게 훌륭한 영화가 나에게는 형편없을 수 있습니다. 이야기하다 보면 같은 영화를 본 것인지 의아할 때도 있습니다. 누구의 말이 맞는지 언성을 높일 때도 있지만 두 사람의 말이 모두 맞을 수 있습니다. 영화는 객관적 사실로 있는 것이 아니라 우리 안에서 체험되기 때문입니다.

실제 세상도 이와 마찬가지입니다. 같은 세상에 살고 있다고 생각하지만 사실 각자 다른 세계에 살고 있습니다. 내가 보는 대로 다른 사람은 보지 못하고 나도 그 사람과 똑같은 경험을 할 수 없습니다.

이런 일이 벌어지는 이유는 객관적인 세상이 아닌 자신과 관계 맺는 세계 속에 살기 때문입니다.

영화가 이토록 매력적인 이유

하지만 모든 비유는 한계가 있습니다. 극장에서 영화를 보면서 세계를 파악하는 것이 실제와 같을 수는 없습니다. 영화가 이토록 매력적인 이유는 현실과 다른 세계를 보여주기 때문입니다. 현실은 이해하거나 통제하기 어렵습니다. 함께 살아가고 있는 사람들도 마찬가지입니다. 대로는 나 자신조차도 이해하기 어렵습니다. 영화 속에서는 쉽게 이해할 수 있지만 실제 세계는 아무리 들여다봐도 알 수 없는 것들로 가득합니다.

영화의 세계는 현실에 비해 상대적으로 단순하며 통일성이 있습니다. 이미 누군가에게 이해되고 해석된 세계이기 때문입니다. 그 누군가는 바로 감독입니다. 감독은 자신이 이해한 세계를 영화로 만듭니다. 사건과 사건 사이의 관계를 미리 그려놓고 촬영합니다. 그렇기 때문에 영화에서 어떤 일이 일어나면 비교적 쉽게 왜 그런 일이 일어났는지 알 수 있습니다. 결말 부분에서 주인공이 극단적인 결정을 한다면 왜 그러는지 알 수 있습니다. 영화가 미리 다 보여줬기 때문입니다. 그 속에서는 전지적인 시점으로 사건들을 보게 됩니다.

물론 영화의 세계가 복잡하게 느껴질 때가 있습니다. 복잡한 구조를 가진 영화나 어려운 물리적 이론을 토대로 만든 SF 영화를 볼 때 그렇습니다. 영화 속 이야기의 구조를 '플롯plot'이라고 부르는데 단순한 이야기라도 플롯이 복잡하면 관객은 어렵다고 느낍니다. 플롯을 비틀어 놓으면 전혀 다른 경험을 주는 이야기가 됩니다.

크리스토퍼 놀란 감독은 플롯을 다루는 능력이 뛰어납니다. 그의 작품 중 하나인 《메멘토Memento》라는 영화에서 주인공은 단기 기억 상실증이 있습니다. 특이하게도 이야기는 역순으로 진행이 되며 관객은 주인공처럼 앞선 정보를 모른 채 이야기를 따라갑니다. 이를 통해 관객은 주인공의 관점을 경험하게 됩니다. 단기 기억 상실증 환자의 머릿속에 들어간 것처럼 관객은 매 순간 혼란을 느낍니다. 두세 번 보고 나서야 비로소 원래 서사를 이해하게 되기도 합니다.

아무리 어렵게 느껴지는 영화일지라도 현실 세상의 복잡성과 예측 불가능성을 따라갈 수는 없습니다. 현실과 달리 영화는 모든 장면을 통제할 수 있습니다. 어떤 쇼트를 넣을지 또는 어떤 사운드를 뺄지 모두 제어할 수 있습니다. 인물의 성격이나 이야기를 만들어낼 수도 있고 특정 정보를 의도적으로 감출 수도 있습니다. 이 모든 것이 감독의 통제 아래에 있습니다.

현실에서는 이미 일어난 일도 그 이유를 모를 때가 많습니다. 흔히 역사를 정해진 것이라고 여기지만 사실 역사는 계속 새로 써집니다. 왜 그럴까요? 사람마다 같은 사건을 다르게 해석하기 때문이기도 하지만 근본적으로는 현실이 복잡하기 때문입니다. 역사가 오히려 영화보다 흥미진진할 때가 많은 이유이기도 합니다. '어떻게 이런 일이 일어날 수 있었을까?'라며 놀랄 만한 사건들이 역사에는 많습니다. 그래서 시나리오 작가들은 실제 역사적 사건을 모티브로 삼곤 합니다.

영화를 좋아한다는 것은 세상을 이해하고 싶다는 욕구의 표현입니다. 주변 세상을 이해하려 애쓰지만 번번이 실패하기에 영화 속 세계를 이해할 때면 희열을 느낍니다. 영화는 현실이 주지 못하는 것을 선물합니다. 불가사의한 세상에 자기 자리를 찾지 못할 때면 자연스레 영화를 찾게 됩니다. 이해할 수 없는 곳에서는 자신의 자리도 없다고 느끼기에 세상 속에서 방황하다 결국 영화로 돌아옵니다.

그럼에도 어떤 영화도 우리가 사는 세계 즉, 우리의 존재를 보여주지는 못합니다. 관객은 촬영이 완료된 영화를 봅니다. 1년 뒤에 다시 봐도 여전히 같은 영화입니다. 변하지 않기 때문에 볼 수 있고 닿을 수 있습니다. 반면 나는 닿을 수 없는 세계입니다. 만약 닿을 수 있다면 하나의 대상이 됩니다. 그렇게 되면 나는 더 이상 변화와 과정이 아닙니다. 이는 현실과 맞지 않습니다. 우리는 현재 안에서 끊임없이 생성되고 해체되는 과정으로 있기 때문입니다. 나라는 존재

는 '아직 찍히지 않은 사진'이나 '아직 촬영되지 않은 영화'
와 같이 정해지지 않은 것입니다. 따라서 영화는 관객으로
서 볼 수 있어도 자신의 존재에 대해서는 같은 방식으로 바
라볼 수 없습니다.

사르트르는 인간을 '자기 자신이 결여된 존재'라고 말
합니다. 또 '현재 있는 것으로 아니 있는 존재'라고 하기도
합니다. 그가 이처럼 말한 이유는 의식의 특성 때문입니다.
의식은 항상 무엇인가를 향해 있습니다. 의자를 볼 때 의식
은 그 의자를 향해 있고 다른 사람을 볼 때도 의식은 그 사
람을 향해 있습니다. 이것을 '의식의 지향성'이라고 부릅니
다.

아이러니하게도 의식은 자신을 지향할 수 없습니다. 자
신을 향하려고 하면 그 자신은 뒷걸음질 치기 때문입니다.
의식은 항상 자신에게 닿지 못하고 일정한 거리를 두고 있
습니다. 사르트르는 그 거리를 '무無'라고 이야기합니다.

인간은 무無를 세상에 가져오는 존재입니다. 세상 모든

것은 있는 그대로 있습니다. 거기서 가능성이 생겨나지 않습니다. 하지만 인간은 끊임없이 무엇인가를 지향하며 자기 자신을 벗어나서 같은 곳으로 돌아오지 못합니다. '인간의 있음'은 곧 무無의 생성입니다. 자신을 관객으로 볼 수 있다면 무無는 사라집니다. 나에게 도달했기 때문입니다.

사진과 영화가 보여지는 곳에는 무無가 없습니다. 아직 찍히지 않은 곳에 아무것도 아닌 공간이 있습니다. 그 공간은 나라는 존재가 있는 곳이며 현재의 영역입니다. 나에 대해서는 관객일 수 없습니다.

이야기로 세상과 자신을 이해하다

영화의 또 하나의 특징은 이야기를 담고 있다는 것입니다. 단순히 무작위로 영상을 나열했다면 지금처럼 많은 사람이 즐기지는 못할 겁니다. 영화 속 장면들은 하나의 이야기로 연결됩니다. 쇼트와 씬 그리고 시퀀스는 서로 밀접하게 맞물려 있습니다. 장면이 모여 사건이 되고 사건이 모여 이야기가 됩니다. 스크린과 사운드를 통해 영화는 자신만의 방식으로 이야기를 표현하고 관객에게 전달합니다.

이야기란 무엇일까요? 사건과 사건이 서로 관계를 맺는 것을 말합니다. 예를 들어 '비가 왔다'라는 사건과 '집을 나섰다'라는 사건을 생각해 볼 수 있습니다. 사건을 나열하기만 한다면 하나의 맥락으로 연결되지 않습니다. '비가 왔다. 그래서 나는 집을 나섰다'라고 말하면 두 사건이 하나가 됩니다. 이것이 이야기이며 우리가 세상을 이해하는 방식입니다. 서점에 가면 이야기로 세상을 해석하는 책을 손쉽게 만날 수 있습니다. 『사피엔스 Sapiens』 혹은 『총, 균, 쇠 Guns,

Germs, and Steel』 같은 책은 세상을 특정 관점의 이야기로 전달합니다.

이야기가 사건과 사건 사이의 관계라는 말은 어느 사건에도 이야기가 속하지 않는다는 말입니다. 이야기가 사건 속에 있다면 사건이 정해지면 이야기도 자동으로 정해져야 합니다. 하지만 같은 사건들에 대해서도 전혀 다른 이야기를 만들 수 있다는 것을 우리는 이미 알고 있습니다. 사건과 이야기의 관계는 단어와 문장의 관계 같습니다. 같은 단어를 사용하더라도 전혀 다른 문장을 만들 수 있는 것처럼 이야기는 말하는 사람에 따라 달라집니다. 이렇다 보니 이야기는 단지 정신적인 것이라 생각될 수 있습니다. 하지만 우리는 이야기를 들을 때 마치 그것이 실제로 있는 것처럼 느낍니다.

크게 보면 이야기는 '관계'라는 개념 중 하나입니다. 관계는 생각보다 이해하기 어려운 개념입니다. 우리는 다른 사람과 관계를 맺고 있지만 그 관계는 둘 중 어느 쪽에도 속하지 않은 것입니다. 지구와 나 사이의 중력을 느끼듯 관계를 경험하며 살지만 관계가 정확히 무엇인지는 모릅니다. 관계는 물체 사이에서도 성립합니다. 의자의 오른쪽에 책상이 있다면 즉각적으로 '의자는 책상 왼쪽에 있어!'라고 관계를 파악합니다. 내가 없다고 해도 의자는 여전히 책상 왼쪽에 있을 것입니다. '왼쪽에~'라는 관계는 나에게 속한 것이 아닙니다. 그렇다고 책상이나 의자에 속한 것도 아닙니다. 그 관계는 어떤 방식으로든 세상에 있을 수밖에 없습니다.

노벨문학상 수상자이기도 한 20세기 수학자이자 철학자인 버트런드 러셀은 이러한 관계를 '보편'이라고 보았습니다. 보편은 플라톤의 이데아론부터 현대에 이르기까지 많은 철학자들의 연구 대상입니다. 세상에 있는 물질적인 것은 그 자체로 특수하지만 우리는 그 속에서 보편을 발견합니다. 이 책이 다루고 있는 인간도 하나의 보편입니다. 각 사람은 분명 인간이지만 인간 그 자체는 개별적인 사람이 아닙니다. 사람들이 공통적으로 공유하는 그 무엇인가가 인간이라는 보편을 구성합니다. 특수는 변화하고 사라지지만 보편은 시간 밖에 있습니다. 저나 여러분이 세상에서 사라진다고 '인간'이 사라지지 않는 것처럼 말입니다.

그렇다면 이야기도 보편적인 것일까요? 이야기는 감각을 통해 전해집니다. 말로 하면 소리로 전달되고 글로 쓰면 눈으로 전달됩니다. 영화로 만들면 여러 감각으로 이야기를 볼 수 있습니다. 감각할 수 있다는 것은 곧 실제로 세상에 있다는 뜻입니다. 이야기를 만든 사람이 세상에서 사라져도 우리는 여전히 그 이야기를 볼 수 있습니다. 하지만 이야기는 수학적 진리와 다릅니다. 수많은 대상에 보편적으로 적용될 수 없기 때문입니다. 이야기는 그 자체로 독창적입니다. 마치 지금 보고 있는 책이 세상에 단 하나뿐인 것처럼 말입니다.

이야기는 '책상 왼쪽에 의자가 있다'와 같은 보편적인 관계와 다릅니다. 보는 사람이 없다면 책에 적힌 이야기는 그저 흰 종이 위에 뿌려진 검은 잉크에 불과합니다. 기록으로서 있더라도 듣는 사람이 없는 이야기와 보는 사람이 없는 영화는 없는 것이나 다름없습니다. 누군가의 존재가 이야기를 만들어내고 그 이야기는 다시 나의 존재로 스며듭니다. 이야기는 우리가 세상에 있는 방식이자 서로의 존재가 어우러지는 방법입니다.

세상에 일어난 사건 중에 같은 사건은 하나도 없습니다. 특히 나에게 일어난 사건은 더욱 그러합니다. 우리는 삶을 사건들의 단순한 나열이 아닌 사건들의 관계 즉, 이야기로 이해합니다. 삶은 끊임없이 이야기로 빚어지고 그 이야기들이 모여 삶의 의미를 만들어냅니다. 지나간 과거부터 아직 오지 않은 미래까지 하나의 이야기로 엮어널 때 삶의 의미가 탄생합니다.

눈에 보이지 않는 것을 보다

의미는 생존을 결정할 정도로 강력합니다. '로고테라피 Logotherapy'라는 독창적 정신치료법을 개발한 빅터 프랭클은 『죽음의 수용소에서 Man's Search for Meaning』라는 책에서 인간과 의미의 관계를 탐구했습니다. 유대인인 그는 2차 세계 대전 당시 나치의 강제 수용소에서 끔찍한 일을 당했습니다. 인간으로서 최소한의 대우를 받지도 못했으며 언제 죽을지도 알 수 없었습니다. 가진 것은 모두 빼앗기고 추위와 배고픔에 시달리며 소중한 가족의 생사도 알 수 없었습니다. 어제 함께 했던 사람이 오늘 곁에 없는 경우가 흔했습니다. 비극이 일상이었습니다.

하지만 모두가 비극에 좌절한 것은 아닙니다. 시시각각 죽음의 공포가 엄습하는 상황에서도 어떤 사람들은 삶에 대한 의미를 포기하지 않았습니다. 더 이상 나라고 할만한 것이 남아있지 않게 되면 '왜 살아야 하는가?'라는 의문이 생깁니다. 어둠 속에 빛이 더 강렬하게 느껴지듯이 이런 상황에서 삶의 의미를 더욱 강하게 깨닫게 될 수도 있습니다.

빅터 프랭클의 아내는 수용소 안에서 죽음을 맞이했습니다. 하지만 수용소에 있던 그는 소통할 수 없었기에 그녀의 생존 여부를 알 수 없었습니다. 어느 날 그는 얼어붙은 땅 위에서 삽으로 땅을 파면서 아내에 대한 생각과 사랑에 사로잡히게 됩니다. 그리곤 사랑이 사랑하는 사람의 육체를 초월한다는 것을 깨닫습니다. 그의 마음속에서 아내는 육체를 초월해 깊은 의미를 가지게 된 것입니다. 그가 있는 '거기에' 그녀는 정말로 있었습니다. 사랑은 눈에 보이지 않지만 실재를 경험할 수 있습니다.

어떤 이에게는 미완성의 책이 삶의 의미가 되었으며 또 다른 이에게는 돌봐야 하는 가족이 의미가 되었습니다. 둘러싼 환경의 영향에서 벗어날 순 없습니다. 하지만 삶의 의미는 환경이 일방적으로 결정하는 것이 아닙니다. 다른 누군가가 대신 정해줄 수 있는 것도 아닙니다. 의미는 삶과 나누는 대화 속에서 발견됩니다. 우리는 각자 자신만의 구체적 삶에서 의미를 찾아내야 한다는 과제를 지니고 있습니다. 이러한 의미가 과연 눈에 보일까요? 의미를 찾는다는 것은 곧 보이지 않는 것을 보려고 한다는 뜻입니다.

눈에 보이지 않는 것을 본다는 것은 모순이지만 가끔은 모순적인 문장이 진실을 전달할 때가 있습니다. 이야기도 의미도 사랑도 눈에 보이지 않습니다. 눈에 보이지 않는다고 세상에 없는 것은 아닙니다. 눈앞에 엄마가 보이지 않으면 아기는 울음을 터트립니다. 엄마가 사라졌다고 생각했기 때문입니다. 시간이 지나면서 엄마가 보이지 않아도 어딘가 있다는 것을 깨달은 아이는 더 이상 울지 않습니다. 눈에 보이지 않는 것이 있다는 진실을 알게 된 겁니다.

하지만 아이는 나이가 들면서 자신이 깨달은 것을 잊어버립니다. 프랑스의 소설가인 생텍쥐페리는 소설 『어린 왕자 The Little Prince』에서 어른들의 모습을 우스꽝스럽게 묘사합니다. 어른들은 눈앞에 있는 것만 보고 보이는 것만을 물어봅니다. 예를 들어 아이가 친구를 만나고 왔다고 하면 '그

친구의 집은 얼마짜리니?'라고 물어보는 것입니다. 생텍쥐
페리는 소설 속 여우의 입을 빌려 이렇게 이야기합니다.

"무엇이든지 마음의 눈으로 볼 때 가장 잘 볼 수 있다는
거야. 가장 중요한 것은 눈에 보이지 않거든."

영화가 우리에게 선물해 주는 것은 바로 이러한 능력입
니다. 영화는 우리의 착각을 이용하는 데 그치지 않고 이를
디딤돌 삼아서 잃어버린 것을 찾게 해 줍니다. 삶에서 중요
한 것은 얼핏 봐서는 보이지 않습니다. 하루하루를 사는데
급급하다 보면 세상을 피상적으로 바라보게 되지만 영화는
보이는 것 너머의 세상을 보여줍니다. 보여주지 않음으로
써, 말하지 않음으로써 오히려 보지 못했던 세상을 볼 수 있
게 합니다. 이때 영화는 기술이 아닌 예술이 됩니다.

이야기와 의미의 한계

삶을 이야기로 이해하고 의미를 발견하려 노력하는 것은 한계가 있습니다. 이야기 속 사건들은 서로 긴밀하게 연결되어 있습니다. 대체로 서사는 일관성을 가지고 끝점을 향해 나아갑니다. 결론 없는 서사는 드물고 엔딩 없는 영화는 없습니다. 관객이 보는 마지막 장면인 엔딩은 영화가 어떤 이야기가 될지 결정합니다. 이야기로 삶을 바라보면 결과를 중요하게 생각할 수밖에 없습니다. 성공과 실패 또는 행복과 불행과 같은 기준으로 삶을 바라보게 됩니다.

실제 삶에서는 무엇이 결과인지 말하기 어렵습니다. 성공했다고 결론 짓는다 해도 그것이 끝이 아니며 불행하다고 단정 지어도 계속 불행하기만 하진 않습니다. 결과의 관점으로 인생을 바라보면 스쳐 지나가는 세부적인 것은 눈에 들어오지 않습니다. 영화에서는 어떤 장면이 불필요하다고 생각되면 편집해서 뺄 수 있습니다. 하지만 우리 인생에서 과연 무엇이 불필요한 것일까요? 추운 겨울 가족과 함께

하는 따뜻한 식사가 서사를 극적으로 만들지 않는다고 해서 나의 삶에서 지워버려야 할까요?

인생의 의미를 찾으려 하다 보면 그것에 집착하게 됩니다. 매 순간 의미를 느끼며 살아야 하는 것은 아닙니다. 의미를 찾아야 한다는 생각이 오히려 무의미를 만들 수 있습니다. 그 생각을 가진 사람은 자신의 삶을 하나로 단어로 표현해 줄 무엇인가를 찾아다닙니다. 누군가는 사랑에서, 또 다른 사람은 정의에서 의미를 찾습니다. 그러다 꿈꾸던 사랑을 찾지 못하거나 부조리한 현실을 마주할 때면 삶은 무의미하다고 느낍니다. 모든 노력이 헛되어 보입니다.

피할 수 없는 죽음에 맞서 의미를 쟁취한 사람도 있지만 모두가 그래야 할 필요는 없습니다. 의미란 있다가도 없고, 없다가도 있는 것입니다. 어제까지 선명했던 삶의 비전이 오늘은 허망하게 느껴질 수 있습니다. 우리의 존재가 끊임없이 변화하는 과정이라면 이는 지극히 자연스러운 일입니다. 삶은 종점을 향해가는 열차처럼 단일한 지점을 향해

가지 않습니다. 졸업 프로젝트처럼 완성해야 하는 것이 아닙니다. 다른 사람에게 '나의 삶은 이런 의미가 있어!'라고 말할 수 있어야 삶을 진정으로 살게 되는 것이 아닙니다. 삶은 그저 살고 있는 것입니다.

인생의 무상함을 일찍이 깨달은 부처는 꿈에서 깨라고 말합니다. 의미를 찾는 일은 마치 꿈속에서 무엇인가를 쫓는 것과 같습니다. 꿈이라는 것을 알면 더는 쫓지 않게 됩니다. '그 모든 것이 없다'라는 것을 깨달으면 고통받는 이유가 사라집니다. 부처의 가르침은 있다고 생각한 것이 실은 없다는 것을 전합니다. 꿈속에서 아무리 노력해도 그것은 꿈일 뿐이라고 말입니다. 없는 것을 있다고 여기며 하는 노력은 헛될 수밖에 없습니다.

부처의 가르침이 무엇이냐고 물어보면 많은 사람들이 '연기법緣起法'이라고 답합니다. 연기법이란 '이것이 있어서 저것이 있고 저것이 있어서 이것이 있다'입니다. 고대 인도 사람들은 '아트만Atman'이라는 변하지 않는 자아가 있다고 생각했습니다. 이런 생각 때문에 자신과 타인을 구분 짓고 남의 것을 빼앗으려 하며 어떻게든 죽지 않으려 애씁니다. 생각이 고통을 만들어낸 것입니다.

연기법에 따르면 모든 것은 관계 속에 있습니다. 툭 떼어놓고 부를 만한 '나'는 없다고 부처는 이야기합니다. 이것을 '무아無我'라고 합니다. 나라고 할만한 것이 없다는 말입니다. 또한 변하지 않는 내가 있다는 생각도 허상이라고 말합니다. 이것을 '무상無常'이라고 합니다. 항상한 것은 없다는 뜻입니다. 무상無常과 무아無我를 깨달으면 고통에서 해방될 수 있고 이로써 해탈을 얻을 수 있다는 것이 부처의 가르침입니다.

의미를 찾으려는 노력은 깨달음을 추구하는 것과 비슷합니다. 흔히 불교를 깨달음의 종교라고 하지만 대표 경전인 『반야심경般若心經』에서는 깨달음조차 부정합니다. 인생이 고통이라고 생각하기 때문에 깨달음을 얻고자 합니다. 하지만 고통이 없다면 그로부터 벗어나기 위한 깨달음이 필요하지 않습니다. 마찬가지로 삶에는 특별한 의미가 없을 수 있습니다. 의미가 있어서 꽃이 피고 지는 것이 아니며 의미가 없다고 해서 꽃이 덜 아름다운 것도 아닙니다. 이것은 자명한 이치로 들립니다. 하지만 삶이 의미가 있어야 한다는 생각은 버리기 쉽지 않습니다. 삶에 의미가 없다고 해도 그 가치는 훼손되지 않는데 말입니다. 오히려 의미를 찾으려는 집착이 삶 그 자체를 보지 못하도록 막고 있는지도 모릅니다.

결말을 알아도 즐길 수 있다

화이트헤드는 『과정과 실재Process and Reality』라는 책에서 객체의 영원성에 대해 이야기합니다. 존재는 매 순간 주체로서 사라지더라도 객체로서는 영원하다고 말합니다. 예를 들어 내가 이 세상에서 사라지더라도 누군가에게 준 영향은 남을 것입니다. 그 영향은 그 사람에서 다른 사람으로 이어지며 끊임없이 퍼져 나갑니다. 이렇게 나의 존재가 만든 파장은 세상이 끝날 때까지 계속됩니다.

관심을 미래가 아닌 과거로 돌려봅니다. 지금 이 순간만 보면 알지 못하는 것이 있습니다. 지금이 있으려면 그 이전에 수많은 일이 이미 벌어졌어야 합니다. 여기에 내가 있는 것은 이름도 모르는 과거 수많은 사람들에게서 영향을 받은 것입니다. 거슬러 올라가다 보면 지금이 있기 위해 우주의 탄생 사건이 필요하다는 것을 알게 됩니다. 화이트헤드는 이를 '데이터data'라는 개념으로 설명합니다. 그에 따르면 현재 속에서는 이전부터 넘어온 데이터를 바탕으로 한 창조가 이뤄지고 있습니다. 그리고 이는 다시 미래에 데이터가 되어 영향을 미치게 됩니다. 이 데이터가 곧 객체입니다.

세상에 영향을 줄 수 있다는 것은 기쁜 일입니다. 이렇게 책을 쓰는 것도 데이터를 남기는 일입니다. 오래 남을 책을 쓰거나 제품을 만드는 것은 멋진 일입니다. 창작에 매진하다 보면 창작물이 곧 나인 듯합니다. 하지만 그것은 내가 아닙니다. 내가 남긴 것이 데이터일 뿐이라는 사실을 잊은 겁니다. 우리는 단순한 객체로 영원히 남기를 바라지 않습니다. 삶에 대해 고민하는 사람은 주체로서 자신을 바라봅니다. 그 사람에게 진정 중요한 질문은 '나는 주체로 있는가?'입니다.

우리의 관심은 주체로 있는 현재, 지금 이 순간으로 다시 향해야 합니다. 영화는 그 어원처럼 운동을 보여주는 매체이며 현재를 보여주는 방식입니다. 모든 운동은 그것이 일어나는 순간에만 볼 수 있습니다. 스크린에서 보는 그 장면은 운동하고 있고 관객은 다름 아닌 현재를 경험합니다.

이것이 영화와 사진의 근본적인 차이입니다. 또 글과 다른 점이기도 합니다. 글에서는 시제가 있습니다. 하지만 영화에서는 모든 쇼트는 현재의 성격을 지니고 있기 때문에 시제라는 것이 없습니다. 영화에서 과거나 미래를 보여준다 해도 우리는 현재로서 체험할 따름입니다. 영화를 볼 때, 온전히 현재에 집중합니다.

모든 사람은 결국 죽음이라는 정해진 결말을 향해 갑니다. 이런 사실을 생각하면 현재에 집중하기 어렵습니다. 마치 꼭두각시가 된 듯 주체로서의 나는 사라진 것처럼 느낍니다. 하지만 결말을 미리 안다고 해서 영화 감상이 무의미해지지 않듯이 삶의 끝이 정해져 있다고 해서 현재의 가치가 사라지는 것은 아닙니다. 아무리 그 끝이 정해져 있더라도 현재가 없다면 그 정해진 미래는 실현되지 않습니다.

흔히 가능성은 미래에 있다고 말합니다. 그래서 미래가 정해지면 가능성이 자취를 감춘다고 느끼는 것입니다. 저는 이렇게 생각합니다. 가능성은 미래가 아닌 현재에 있으며 주체로서의 내가 바로 그 가능성을 만들어내고 있다고 말입니다.

생각해 보면 결말을 다 알고 보는 영화도 충분히 즐길 수 있습니다. 주인공이 결단을 내리는 순간은 여전히 울림을 줍니다. 같은 장면이 같은 순서로 지나가도 마치 새로운 영화를 보는 것처럼 전혀 다른 경험을 합니다. 왜 그런 걸까요? 처음과 끝을 미리 안다고 해서 현재 속에서 주체로 살아간다는 사실이 변하는 것은 아니기 때문입니다. 인생은 발생한 사건의 종합이나 데이터의 모음이 아닙니다. 현재를 살아가는 우리가 끊임없이 주체로서 새롭게 경험하는 것이 인생인 것입니다.

대부분의 사람은 관객으로 영화를 경험합니다. 하지만 우리의 삶과 존재를 이해하려면 관객이 아닌 감독의 관점으로 영화를 봐야 합니다. 우리의 존재는 기록된 영화가 아니라 아직은 만들어지지 않은 영화이기 때문입니다. 현재 속에서 우리는 자신만의 세계를 창조하며 살아갑니다. 새로운 세계를 창조하는 것은 감독만의 특권이 아닙니다. 나는 세계에 의미를 부여할 수 있고 반대로 모든 것을 무의미하게 만들 수도 있습니다.

이야기는 우리가 세상을 이해하고 자신을 바라보는 방식입니다. 이 방식은 자연스럽게 느껴집니다. 그러다 어느 날 문득 이야기라는 틀에 구겨 넣어지고 있는 자신을 발견합니다. 이야기는 끊임없이 나를 현재 밖으로 끄집어 내려 합니다. 이야기에 빠져들다 보면 현재 속에 있는 내가 보이지 않습니다. 어쩌면 이야기라는 형식이 삶을 더 힘들게 하는 원인이 아닐까요?

나라는 존재는 이야기할 수 없습니다. 삶은 한 지점으로 향해가는 것이 아니며 결말지어지지 않습니다. 감독에게 영화는 이미 정해진 이야기가 아니라 현재 진행형입니다. 아직 완성되지 않은 영화는 가능성을 품고 있습니다. 가능성을 지닌 모든 존재는 감독이 될 수 있습니다. 세계는 단순히 상영되는 것이 아니라 계속해서 촬영되고 있습니다. 자

신이 감독이라는 것을 깨달을 때 관객으로의 역할이 끝이

납니다.

컨택트 Arrival

이 리뷰는 스포일러를 포함하고 있습니다.

드니 빌뇌브는 《듄 Dune》으로 대중에게 많이 알려진 감독입니다. 하지만 《듄 Dune》은 그가 처음 만든 SF 영화가 아닙니다. 《듄 Dune》 이전에 《컨택트 Arrival》라는 영화로 세상을 놀라게 했습니다. 《컨택트 Arrival》는 테드 창의 소설 《당신 인생의 이야기 Stories of Your Life and Others》를 기반으로 한 영화로 언어와 삶에 대해 이야기합니다.

전 세계에 알 수 없는 거대 외계 비행체가 등장하면서 영화가 시작됩니다. 저명한 언어학자인 주인공 루이스는 그 당시에 대학에서 강의를 하고 있었습니다. 이런 상황에서 수업을 할 수 없었던 그녀는 집으로 돌아옵니다. 그때 누군가 찾아옵니다. 앞마당에 착륙한 헬기에서 높은 지위의 군인이 내립니다. 그녀에게 특별한 과제를 맡기기 위해 정부에서 찾아온 것입니다. 특별한 과제란 바로 외계 생명체가 왜 지구에 왔는지를 알아내는 것입니다. 결국 그녀와 물리학자인 이안은 외계 생명체와 대화하는 미션을 함께 수행하게 됩니다

우리는 시간을 선형적으로 인식하는 경향이 있습니다. 시간을 인식하는 방식은 언어에 영향을 받습니다. 우리의 언어는 시제를 가지는 선형적 언어인데 외계 생명체인 헵타포드는 시제가 없는 언어를 사용합니다. 영화는 시제가 없는 언어를 원의 형태로 표현합니다. 선이 아닌 원은 그 시작과 끝을 특정할 수 없기 때문입니다.

《컨택트Arrival》는 언어가 사고를 결정한다는 ‘언어결정론’으로 작동하는 세계를 보여줍니다. 시제가 없고 시작과 끝이 없는 언어를 다룬다면 시간이 미래에서 과거로 흐르지 않게 됩니다. 헵타포드에게는 현재와 과거 그리고 미래는 동시에 일어나는 일입니다. 만약 헵타포드가 인간의 언어를 배우고 인간이 헵타포드어를 배우면 어떤 일이 벌어질까요?

루이스는 우여곡절 끝에 헵타포드어를 해석하는데 성공을 합니다. 헵타포드어를 배우면서 그녀는 어떤 환영을 보기 시작합니다. 그녀는 환영인 줄 알았던 이미지들이 자신의 미래라는 것을 깨닫습니다. 영화는 불치병으로 죽어가는 딸을 보는 루이스의 모습으로 시작했습니다. 그래서 관객 입장에서는 그녀가 딸을 잃은 뒤에 헵타포드를 만났다고 생각합니다. 하지만 사실 딸의 죽음은 과거가 아니라 앞으로 벌어질 일이었습니다. 그녀가 새로운 언어를 배우면서 미래를 보게 된 것입니다.

미래가 정해져 있지 않다면 볼 수도 없습니다. 볼 수 있으려면 미래가 이미 정해져 있어야 합니다. 헵타포드어를 배운 사람은 미래를 보게 되지만 그저 자신이 본 미래대로 살아갈 수밖에 없습니다. 이런 상황에서 어떻게 주체로 살아갈 수 있을까요?

루이스가 미래에 딸만 본 것은 아닙니다. 함께 일하고 있는 이안이 자신의 미래 남편이라는 것도 알게 됩니다. 그와 결혼하여 딸을 낳으면 이내 병으로 딸을 잃게 됩니다. 미래 속에 기쁨과 슬픔 그리고 절망이 함께 보입니다. 모르고 하는 결정과 알고도 하는 결정은 다를 수밖에 없습니다. 이 모든 것을 아는 루이스는 이안에게 "모든 것을 처음부터 끝까지 안다고 하면 그것을 바꾸겠어?"라고 물어봅니다. 그녀는 오직 홀로 결정을 내릴 수밖에 없습니다. 자신과 마주한 끝에 결국 그녀는 다음과 같이 말합니다. "이미 정해진 미래라도, 그 끝이 비극적일지라도, 앞으로 올 모든 순간을 기쁨으로 맞이하겠어."

만약 모든 것이 정해져 있고 그저 정해진 미래를 따라 갈 뿐이라면 자유의지는 사라질 겁니다. 이에 따라 주체로서의 나 또한 자취를 감출 것입니다. 하지만 그런 상황에서도 우리가 선택하지 않으면 그 미래는 현실이 되지 않을지도 모릅니다. 컨택트는 결정론적 세계 속에서 선택을 고민하는 한 인간의 모습을 통해 현재를 살아가는 우리 삶을 돌아보게 합니다.

외부에서 보면 루이스는 단지 정해진 미래를 따라간 것으로 보일 겁니다. 다른 사람들의 눈에 그녀의 삶은 하나의 이야기에 불과합니다. 그 이야기를 알면 마치 그녀를 다 아는 것 마냥 말합니다. '딸이 죽을 것을 알고도 그 길을 걸어간 여자'라며 말입니다. 하지만 누구도 루이스의 현재에 어떤 일이 일어났는지 알 수 없습니다. 오직 주체만이 그 현재를 경험합니다.

인생이라는 것이 외부에서도 관찰 가능한 사건들의 단순한 모음도 아니고 그걸 엮어낸 이야기는 더욱 아닙니다.

관객의 시선으로 바라보면 인생은 주체성을 잃어버립니다. 가능성은 사라지고 선택은 무의미해집니다. 하지만 아무리 선택이 불가능한 상황에서도 우리는 선택할 수 있습니다. 헵타포드어를 통해 미래를 모두 알게 된 루이스처럼 말입니다.

그녀는 자신의 인생을 관객의 시선으로 바라보지 않았습니다. 눈앞에 미래가 이미 촬영된 영화처럼 상영되고 있었지만 인생이란 아직 찍히지 않은 영화라고 여겼습니다. 루이스는 선택이 불가능한 상황에서도 선택을 하며 현재라는 공간에서 스스로 감독이 되었습니다.

photo from film Arrival

4장

관객이 아닌 감독으로

"마지막에는 처음 머릿속에 있던

영화와는 다른 것이 된다.

모든 것은 변한다."

코언 형제 Joel Coen & Ethan Coen

삶, 사전에 없는 단어

"네가 스스로 믿지 않으면, 너의 인생을 살았다고 할 수 없어!" 영화 《록키 발보아 Rocky Balboa》에서 이제는 나이가 든 록키가 자신의 아들에게 하는 말입니다. 록키는 영화사에 길이 남을 캐릭터로 수십 년 동안 많은 사람에게 희망을 주었습니다. 그는 어떤 역경이 와도 버티며 전진하는 인생을 살았습니다. 그렇기에 자신의 아들을 비롯해 방향을 잃고 다른 사람을 탓하는 사람들에게 자신의 인생을 살라고 조언하는 것입니다.

사실 록키만 이런 말을 하는 것은 아닙니다. '너의 인생을 살아라!'라는 말은 어떨 땐 책에서, 또 다른 따는 TV 광고에서 등장합니다. 처음엔 감동으로 느껴지던 말이 어느새 텅 빈 것처럼 느껴집니다. 의문이 생긴 겁니다. '나의 인생이라는 것은 무엇일까? 지금 살고 있는 인생은 나의 인생이 아닌 걸까?'라고 말입니다.

사는 거야 모두가 하고 있는 것이지만 그렇다고 모두가 자신의 삶에 믿음을 가진 것은 아닙니다. 도대체 삶이 무엇이길래 믿음이 필요한 걸까요? 매일 해가 뜨고 지는 것을 보지만 굳이 믿을 필요는 없습니다. 그저 매일 똑같이 벌어지는 일이기 때문입니다. 내가 사는 하루라고 별반 다르지 않다며 생각할 수 있습니다. 아침에 일어나서 가족과 식사를 하고 학교나 직장에 출근하는 하루는 분명히 눈앞에 벌어지는 일입니다. 어제의 하루와 오늘의 하루는 그다지 차이가 없습니다. 내일 해가 뜨듯이 나의 하루도 그렇게 시작되고 끝날 것입니다. 여기에 정말 믿음이 필요할까요?

'나를 믿어야 한다'는 말로 전하고자 하는 바는 단지 내일이 있을 거라는 믿음은 아닙니다. 이 말은 나에 대한 것이 아니라 세상에 대한 것입니다. 누군가 자신을 믿는다고 말한다면 세상으로부터 독립된 자신을 믿는다고 말한 것이 아니라 자신의 세계를 믿는다고 말한 겁니다.

우리는 모두 나름대로의 방식으로 세상을 해석합니다. 그 해석이 우리의 세계가 됩니다. 그 세계가 진실이라고 믿는 것이 곧 나를 믿는 것입니다. 그러므로 무엇인가를 믿을 때 세계를 선택하게 됩니다. 록키가 아들에게 한 말은 '안전만을 최고의 가치로 생각하는 세계'를 벗어나 '자신의 길을 뚜벅뚜벅 걸어가는 세계' 속으로 들어오라는 손짓입니다.

록키와 아들 사이에는 갈등이 있습니다. 보통 부모와 자식이 서로 다른 사람이어서 갈등이 생긴다고 생각합니다. 하지만 사실 둘이 서로 다른 세계에 있기 때문에 갈등이 생긴 것이 아닐까요? 두 사람은 분명 같은 집에서 오랜 세월 함께했습니다. 짧게는 몇 년, 길게는 수십 년 동안 같은 것을 보고 같은 밥을 먹었지만 서로 낯선 존재일 때가 많습니다.

각자가 바라보는 세계를 빼놓으면 왜 서로를 낯설게 느끼는지 감조차 잡지 못합니다. 나의 사소한 행동이 누군가에게 큰 상처를 준 경험이 한 번씩은 있을 겁니다. 반대로 온 마음을 다해 한 말이 상대방에게는 아무것도 아닐 때도 종종 있습니다. 이 모든 일은 우리가 서로 다른 세계에 살고 있기 때문에 생깁니다. 세계는 의미의 총체입니다. 마치 거미줄처럼 복잡하게 얽힌 의미의 복합체, 그것이 바로 세계입니다.

세계라는 개념이 익숙하지 않은 이유는 생각해 본 적이 없기 때문입니다. 어렸을 때부터 학교에서 배운 것은 세계가 아니라 세상입니다. 세상은 모든 사람이 함께 공유하는 공통의 기반입니다. 학교에서는 같은 지구에 대해 배우고 같은 우주에 대해 이야기합니다. 하지만 그 세상은 나의 존재에 무관심합니다.

예를 들어 우리는 학교에서 진화에 대해서 배웁니다. 진화는 상상할 수 없이 긴 세월동안 진행되어 온 거대한 물결입니다. 진화의 관점에서 본다면 그 속에 한 사람의 개인은 아무것도 아닙니다. 진화 뿐만 아니라 역사도 한 사람의 존재를 아주 작게 만듭니다. 1, 2차 세계 대전에 대해 배우다 전쟁 속에 죽어간 사상자 수를 듣게 되면 머리가 멍해집니다. 한 사람 한 사람은 대체할 수 없는 소중한 존재이지만 이 거대한 흐름 속에서는 아무 것도 아닌 것처럼 느껴지기 때문입니다.

이런 세상 속에 소외된 인간은 자신 주변 모든 것에 이름을 붙입니다. 소외에 대한 반발심일지도 모르고 그저 본능적으로 하는 행동일 수도 있습니다. 이름을 붙이는 행위는 신비한 면이 있습니다. 분명 이름을 붙이지 않았을 때도 그것은 있었지만 이름을 붙이고 나면 실제 세상에 있는 존재를 잊어버리게 되게 때문입니다. 이렇게 하나하나에 의미를 부여하며 살아온 우리는 의미로 이뤄진 세계가 세상을 모두 담고 있다고 생각합니다. 하지만 거미줄이 모든 벌레를 잡을 수 없듯 의미로 이뤄진 세계는 세상 모든 것을 담을 수 없습니다.

우리는 모두 수집가입니다. 이름을 모아 사전에 차곡차곡 쌓아갑니다. 나이가 들수록 사전은 두터워집니다. 하지만 어떤 사전도 모든 단어를 담을 수 없듯이 인생을 살다 보면 의미를 알 수 없는 일을 겪게 됩니다. 그런 일은 사전에 없는 단어 같습니다. 알 수 없고 이해할 수 없는 일을 마주할 때마다 이미 있는 단어로 그것을 표현하려 하지만 모르는 단어는 늘어날 뿐 줄지 않습니다. 세계라는 거미줄 사이로 많은 것이 새어 나갑니다. 마침내 우리는 지금까지 보아 왔던 세계가 진실하지 않다는 것을 깨닫습니다. 모순을 발견하게 되는 것입니다.

우리가 사는 시대에서는 돈이 행복을 만든다고 여깁니

다. 앞선 예시들처럼 이는 하나의 세계입니다. 이 세계 속에서는 모든 행동을 돈을 벌 수 있는지 여부로 판단합니다. 그 속에 사는 사람은 자연스레 돈을 벌기 위해서 할 수 있는 모든 일을 할 겁니다. 돈을 버는데 도움이 되지 않는다면 심지어 가족이라도 서슴없이 내칠 수 있습니다. 돈을 버는 과정에서 소중한 것을 잃는다 해도 처음에는 개의치 않습니다. 그가 믿는 세계에서는 돈이 곧 행복이기 때문입니다. 하지만 행복에서 멀어지는 자신을 보며 마음속에 의문이 생기기 시작합니다. 분명 그가 사는 세계에서는 돈을 많이 벌수록 행복해져야 하는데 오히려 불행해지는 자신을 발견했기 때문에, 무엇이 잘못된 것인지 생각하게 됩니다.

사소한 차이가 다른 세상을 만들다

의미를 알 수 없는 일이 일어나는 이유는 세상이 예측 불가능하기 때문입니다. 한때 인류는 세상을 완벽한 곳으로 바라봤습니다. 몇 가지의 기본 법칙에 의해 세상이 지배받고 있으며 그 법칙을 알아내기만 하면 세상의 미래를 정확히 예측할 수 있을 거라고 생각했습니다. 뉴턴 역학에 따르면 현재 물체의 상태와 가해지는 힘을 안다면 그 물체의 미래를 정확히 예측할 수 있습니다. 그의 수식은 세상의 비밀을 밝히는 듯 보였습니다.

이런 믿음 하에 물리학이 발전했지만 세상은 예상했던 것과 달랐습니다. 20세기에 들어서 양자역학이라는 학문이 등장한 것입니다. 양자역학의 문을 연 과학자인 하이젠베르크는 1927년에 그 유명한 '불확정성 원리Uncertainty Principle'를 발표합니다. 그 내용은 충격적이었습니다. 입자의 위치와 운동량을 동시에 알 수 없으며 위치를 측정하려고 하면 운동량을 알 수 없으며 운동량을 측정하려고 하면 반대로 위치를 알 수 없게 됩니다. 측정하는 행위가 입자에 영향을 줄 수 있다는 것입니다. 정확한 측정조차 불가능한 상황에서 물체의 미래를 알기는 어렵습니다. 결국 드러난 세상의 실체는 예측 불가능한 것이었습니다.

새로운 세상의 모습에 어떤 물리학자는 거부감을 드러내기도 하고 또 다른 학자들은 이를 적극적으로 수용했습니다. 지금에 이르러서는 세상이 본질적으로 예측이 불가능하다는 것을 인정하게 되었습니다. 양자역학뿐만 아니라 다양한 학문이 이를 뒷받침하고 있습니다. 우리 눈에 단순해 보이는 현상조차도 실은 예측할 수 없을 때가 많습니다. 내일의 날씨도, 계곡의 돌 주변에서 만들어지는 난류도 정확히 알지 못합니다. 이러한 사실은 우리를 당황스럽게 합니다.

세상이 완벽하다고 생각하는 사람은 사소한 오류를 무시합니다. 하지만 무시했던 바로 그 사소한 차이가 전혀 다른 세상을 만드는 것이 우리가 살고 있는 세상이며 이를 연구하는 것이 '카오스Chaos'입니다. 아주 큰 세상에 대한 이론인 상대성 이론과 아주 작은 세상에 대한 이론인 양자역학과 달리 카오스 이론은 우리가 살고 있는 일상 세상의 움직임을 설명합니다. 카오스라는 학문은 주로 기상이나 난류 그리고 주식시장처럼 세상에서 일어나는 일에 대해 연구합니다.

카오스로 바라본 세상에서는 어떤 것도 반복되지 않고 항상 새롭습니다. 날씨의 흐름은 주기적으로 반복되는 것처럼 보이지만 자세히 들여다보면 매번 다릅니다. 이 세계에서는 아주 작은 차이가 큰 변화를 만들 수 있습니다. 만약 이러한 차이를 정확하게 알 수 있다면 미래를 예측할 수도 있겠지만 우리는 이미 입자의 정보를 정확히 알 수 없다는 한계를 알고 있습니다. 겉으로는 반복되는 듯 하지만 늘 새롭고 별일 아닌 일이 큰 변화를 일으키는 것. 우리가 매일 경험하는 삶 아닌가요?

오늘 세상의 모든 것을 해석하는 완벽한 거미줄 즉,세계를 만들어냈다고 해도 내일이면 많은 모순이 생겨날 수 있습니다. 신뢰했던 사람이 배신할 수 있고 훌륭했던 투자가 최악의 손실을 안겨줄 수 있으며 유망했던 직업이 사라질 수도 있습니다. 모든 것이 완벽해 보이던 세계가 엉망진창이라는 것을 인정할 수밖에 없는 날이 찾아옵니다. 예측 불가능한 세상에서 살아가며 '무엇인가가 잘못되었어' 혹은 '이건 이상해. 내 생각과 맞지 않아'라는 모순을 발견하게 것은 어찌 보면 당연한 일입니다.

무無의 공간을 발견하다

자신의 세계에 모순이 있다는 것을 깨달으면 선택의 기로에 서게 됩니다. 모순을 무시하고 이전처럼 살아갈지 혹은 진지하게 받아들일 것인지 말입니다. 이 선택이 어려운 이유는 그 결과를 알 수 없기 때문입니다. 어떤 모순은 나의 세계에 가구를 재배치하는 정도의 변화만 줍니다. 하지만 건물을 철거하고 다시 짓는 것과 같은 큰 변화를 맞이할 수도 있습니다. 누구도 자신의 세계가 무너지는 것을 원치 않기 때문에 고민이 깊어집니다.

그렇다면 모순을 받아들이는 과정은 어떨까요? 그 과정은 그다지 이성적인 것처럼 보이진 않습니다. 왠지 모를 궁금증 때문에 모순을 받아들일 때가 있습니다. 때로는 주변 사람들이 간곡히 부탁할 때가 있습니다. 난공불락의 성처럼 견고한 세계관을 가지고 있던 사람이 어느 순간 생각을 바꿀 때도 있습니다. 그럴 때면 정말 같은 사람이 맞나 의아해집니다. 이런 상황을 겪으면 '사람은 변하지 않는다'라는 말을 믿지 않게 됩니다.

모순을 진지하게 받아들이는 것은 오래된 방에서 거미줄을 걷어내서 그 사이의 빈 공간을 발견하는 것과 같습니다. 세계라는 거미줄을 걷어내고 나면 생각지도 못한 공간이 드러냅니다. 이렇게 발견한 공간은 '무無의 공간'입니다. 의미라는 거미줄이 걷어내진 곳이기에 그곳에는 우리에게 익숙한 언어가 없습니다. 익숙한 공간에서는 보이는 모든 것의 이름을 알고 또 부를 수 있습니다. 하지만 무無의 공간에는 아직 이름 붙여 지지 않고 한 번도 불린 적이 없는 것들이 있습니다. 다른 말로 하면 '가능성'입니다. 우리는 무無의 공간에서 가능성을 보게 되는 것입니다.

보통 '유有의 공간'에서 가능성을 찾습니다. 자신의 세계 속에서 더 나은 곳을 바라볼 때 머릿속에는 가능성이라는 이미지가 떠오릅니다. 한국에서 자란 사람이라면 누구나 어릴 적 학교 성적으로 고통받은 경험이 한두 번은 있을 겁니다. 열심히 노력해서 원하던 성적을 받아와도 이것밖에 못하냐는 핀잔을 듣곤 합니다. '성적이 최고의 가치인 세계' 속에서 더 높은 성적은 곧 가능성입니다. 이보다 더 유有의 공간에 있는 사례는 찾기도 힘듭니다. 유有의 공간에서 가능성을 이야기할 때 미래를 말하는 것 같지만, 사실은 그저 원하는 것을 스스로에게 요구할 뿐입니다. 가능성이라는 가면을 쓴 요구는 오히려 잘 받아들여지곤 합니다.

가능성의 공간은 찍히지 않은 사진 같고 촬영되지 않은 영화 같습니다. 사진의 언어로도 표현할 수 없고 영화의 언어로도 보여줄 수 없습니다. 오직 모순을 받아들일 때 마주하게 됩니다. 본 적이 없는 사람에게 아무리 설명해도 전할 수 없는 공간이며 "와서 직접 봐라"라는 상투적인 말도 할 수 없습니다.

가능성을 발견하는 것이 늘 즐거운 것만은 아닙니다. 대부분의 사람들은 가능성보다는 확실성을 원합니다. 서점에 가면 '반드시 행복해질 수 있는 법' 또는 '확실하게 부자가 되는 방법'과 같은 책이 눈에 잘 보이는 곳에 진열되어 있습니다. 이런 책은 답을 찾아 헤매는 이에게 아주 매력적입니다. 심지어 예술조차도 이런 흐름을 따르고 있습니다. 보면 무조건 울게 되는 영화가 있지 않나요? 영화를 고를 때 주로 예상이 되는 영화를 고릅니다. 실패하지 않기 때문입니다. 반면에 어떤 내용인지 보고 나서 무엇을 느끼게 될지 전혀 알 수 없는 영화는 선뜻 보기가 망설여집니다. 이미 생활 속에서 충분히 많은 불확실성을 마주하는데 영화를 볼 때만큼은 거기서 벗어나고 싶어집니다.

확실함을 원할 땐 나의 세계에 맞는 이야기만 수집하게 됩니다. '돈이 행복을 만든다'라는 세계에 살고 있는 사람은 그에 맞는 이론과 이야기를 찾아냅니다. 돈과 관련 없는 이야기는 눈에 보이지도 않습니다. 마치 거미줄 사이로 많은 것이 새어 나가듯이 나의 세계에 맞지 않는 이야기는 눈에 들어오지 않습니다. 확실함은 양날의 검입니다. 확실한 세상에 살고 있다고 생각할 때 더 강한 편견을 가지게 됩니다.

사실 우리 모두 편견을 가지고 있습니다. 모든 사람은

자신이 우주의 중심이라고 생각합니다. '주체'라는 관점에서 보면 각 사람은 우주의 중심이 맞습니다. 단지 우주의 중심은 세상에 있는 사람의 수만큼 많을 뿐입니다. 각자가 중심에 있다 보니 자연스레 편견이 생깁니다. 예를 들어 의자가 나의 왼쪽에 있다고 해서 '왼쪽에 있는 의자'라고 부르는 것도 하나의 편견입니다.

편견을 가지는 것이 문제라고 이야기하는 것은 아닙니다. 우리는 각자의 삶에서 주체이기 때문에 근본적으로 편견에서 벗어날 수 없습니다. 문제는 편견을 인식하지 못하는 것입니다. 자신의 세계를 절대적 진리라고 생각하며 사는 것이 문제입니다.

우리는 종종 과학이 발견한 이론을 변하지 않는 진리로 받아들이곤 합니다. 하지만 모든 학문은 끊임없는 탐구의 과정입니다. 뉴턴 시대와 아인슈타인 시대 사이에 살았던 사람들은 뉴턴 역학을 절대적 진리로 받아들였습니다. 그래서 그 진리로 세상 만물의 움직임을 설명하려고 했습니다.

그 과정에서 모순이 발견되어도 관심을 기울이지 않았습니다. 이처럼 우리는 세상을 고정된 것으로 바라보는 경향이 있습니다. 한번 굳어진 관점은 좀처럼 바뀌지 않습니다.

세상을 과정으로 바라보는 관점이 필요합니다. 현재가 멈춰 있지 않고 끊임없이 변화하는 과정이듯이 진리를 향한 여정 또한 결코 멈추지 않습니다. 오늘날 당연하게 여기는 법칙과 이론이 처음 등장했을 때는 터무니없는 이야기로 들렸습니다. 왜 그럴까요? 대부분의 사람은 모순을 발견하고 싶지 않기 때문입니다. 이미 있는 세계와 모순적으로 부딪히는 새 발견은 환영받기 어렵습니다. 그러나 새로운 발견을 한 사람들은 오히려 당시의 세계관이 실제 세상과 다르다고 보았습니다. 그들은 편견을 인정했고 변화하는 과정 속으로 뛰어들었습니다.

이는 우리와 동떨어진 먼 과거의 이야기가 아닙니다. 모든 사람의 삶 속에서 지금도 일어나고 있는 일입니다. 그들이 들었던 모순의 소리는 지금 우리의 귀에도 생생히 들

립니다. 이 소리야 말로 무無의 공간으로 가는 열쇠이며 가
능성의 세계로 향하는 첫 발걸음입니다. 기쁜 마음으로 모
순을 받아들이려면 과정으로서 자신의 존재를 볼 필요가 있
습니다.

불안과 권태를 안고 감독이 되다

세계라는 거미줄을 헤치고 발견한 무無의 공간에서 할 일은 감독이 되어 자신만의 세계를 만드는 것입니다. 하지만 자신만의 세계를 만든다는 생각은 우리를 불안하게 합니다. 불안이 외부에서 온다고 생각할 수 있지만 내부적 요인에 의해 생기기도 합니다. 평소 행동이 자신을 불안하게 만들기도 합니다. 우리는 영화에 대해 너무 쉽게 평가하곤 하는데, 이런 습관이 부메랑처럼 돌아와 자신에게 과도한 책임감을 지우게 됩니다.

감독이 자신이 만든 영화에 책임지듯이 무無의 공간에서 만들어낸 자신의 세계에 대해 책임을 져야 한다는 생각에 불안과 두려움을 느낍니다. 집에 앉아서 넷플릭스로 영화를 보는 것은 편안합니다. 그때는 영화를 만든 사람들의 불안과 두려움에서 멀리 떨어져 있기 때문입니다. 그래서 감독이 되기보다 관객으로 남고 싶은 것일지도 모릅니다.

불안에 대한 본능적인 대처는 그것을 없애려 하는 것입

니다. 우리는 지금까지 남들이 의미를 부여한 세계에서 살아왔습니다. 그곳에 사는 것은 마음이 편합니다. 사실 모순이 나를 불안하게 만든다면 듣지 않으면 그만입니다. 그러면 불안도 생기지 않을 것입니다. 그렇게 두 귀를 막음으로써 모순을 무시하며 삽니다. 유有의 공간에서 살아가는 것을 택한 것입니다.

봉준호 감독은 부산국제영화제에서 《드라이브 마이카 Drive My Car》 영화를 만든 하마구치 류스케 감독과 대담을 나눈 적이 있습니다. 두 감독은 영화를 만드는 과정에서 느끼는 불안에 대한 말합니다. 흔히 천재 감독이라고 하면 자신감을 가지고 계획대로 영화를 만들 것 같지만 봉준호 감독은 자신이 도달하고자 하는 지점에 대해 끊임없이 의심하고 불안을 느낀다고 말합니다. "이런 이야기를 꼭 해야 하는 걸까? 아무도 공감하지 않으면 어떡하지?"라며 자문하는 것이 일상입니다. 그도 확신이 없는 것입니다. 이에 하마구치 감독도 '저도 불안해 죽겠습니다'라고 말하며 공감합니다. 세상에 없던 것을 만드는 사람은 그 과정에서 필연적으로 불안감을 느낍니다.

자신만의 세계를 만들어야 하는 감독이라면 그 과정에서 불안감은 피할 수 없습니다. 세계를 창조하는 과정에서 불안감을 느낄 때면 우주에서 무중력 상태에 있는 것 같습니다. 우리는 평소에 지구에서 안정적인 땅을 밟으면서 살아갑니다. 어쩌다 넘어지더라도 땅이 받쳐주기 때문에 다시 일어설 수 있습니다. 하지만 우주에서는 지탱해 주는 것이 없습니다. 나를 원치 않은 곳으로 밀어내는 것도 없지만 발을 딛고 설 것도 없는 것입니다.

무無의 공간은 무중력의 공간에서 발버둥 치는 한 인간의 모습을 떠오르게 합니다. 무중력의 공간에서는 평소라면 쉽게 잡을 수 있는 것조차 손에 잡히지 않고 동력 없이는 어디로도 갈 수 없습니다. 지구에서는 중력이 있기 때문에 아래로 떨어집니다. 어떤 힘도 주지 않아도 됩니다. 무중력은 말 그대로 중력이 상실된 곳입니다.

중력은 우리가 있는 곳에서 벗어나지 못하게 하면서도

삶의 절대적 방향을 제시합니다. 우리가 보고 경험하는 세계에도 이러한 중력이 있습니다. 어떤 한 지점을 궁극적으로 지향하는 곳으로 보고 그곳을 향해 가면 된다고 생각합니다. 하지만 무無의 공간에서는 중력이 없기에 방향감각을 상실할 수밖에 없어 불안하고 불편하며 낯설다고 느끼는 것입니다.

불안만이 우리를 힘들게 하는 것은 아니라 권태도 감독이 되는 길을 어렵게 합니다. 흔히 권태는 변화가 없을 때 느끼는 감정이라고 생각합니다. 현재의 상황이 이대로 지속될 것 같을 때 찾아온다고 여깁니다. 하지만 흥미롭게도 그와 정반대의 상황에서 권태가 생길 수 있습니다. 권태는 내가 알던 세계가 실제로는 없을 수 있다고 깨닫게 되면서 시작됩니다. 모순을 듣고 그것을 받아들이면 내가 살아가던 세계가 해체됩니다. 가치 체계의 정상에 있던 것들이 그 권위를 잃어버립니다. 이 과정에서 확신을 가졌던 많은 것이 의심스러워집니다. 평소 일에서 권태를 느꼈던 순간을 돌아보면 이를 실감할 수 있습니다. 하던 일에 권태를 느끼는 순간은 이전에 꿈꾸던 이상적인 모습이 실제로는 없다는 것을 알게 되었을 때가 아닌가요?

세계는 거미줄처럼 얽혀 하나로 짜여 있습니다. 어느 한 곳에서 발견한 모순은 그곳에만 머물지 않습니다. 마치 나비의 날갯짓이 태풍이 되듯 하나의 모순은 다른 모순으로 이어지며 나의 세계 전체를 뒤흔들어놓습니다. 세계는 달랑 한 곳만 무너지지 않습니다. 하나가 무너지면 전체가 무너지는 것입니다. 이 과정에서 생겨난 권태 역시 삶의 한 부분에서만 머무르지 않고 삶 전반으로 퍼져나갑니다.

나 자신의 세계를 만들다

모순을 인정하면 권태와 불안이 생겨나며 실존적인 위기를 맞이하게 됩니다. 하지만 권태와 불안이 항상 위기를 초래하는 것은 아닙니다. 앞서 이야기했듯이 난류는 불규칙적이며 예측이 불가능합니다. 이렇게만 들으면 난류가 불안정할 것 같지만 예측할 수 없다고 위태로운 것은 아닙니다. 실제로 계곡의 바위 뒤를 보면 난류가 안정적으로 유지되는 것을 볼 수 있습니다.

이는 상식과 다릅니다. 우리는 주기적이고 예측 가능한 것만이 안정을 가져다준다고 믿습니다. 그래서 예측할 수 없는 것은 안정적이지 않다고 여기는 겁니다. 그래서 현대인들은 끊임없이 미래를 예측하려 애씁니다. 하지만 세상은 우리의 기대와 달리 불확실하고 불규칙한 것들도 전체로서 조화를 이룰 수 있다고 말합니다. 생각해 보면 난류는 주기적이지도 않고 예측할 수도 없지만 무시무시한 태풍이나 쓰나미가 되어 지구 전체를 삼켜버리지는 않습니다. 나름의

조화를 이루고 있는 것입니다.

권태와 불안은 감독이 되는 길에 마주치는 작은 난류와 같습니다. 위협적으로 보일지 몰라도 반드시 우리 존재를 위태롭게 하지는 않습니다. 권태를 통해 보지 못했던 세상을 발견할 수 있고, 불안을 통해 새로운 세계를 창조할 수 있습니다. 권태가 아니라면 기존의 세계인 '유有'의 세계에만 머물 것이며, 불안이 아니라면 가능성의 공간인 '무無'의 공간에서 더 나아가지 못할 것입니다.

권태를 긍정할 때 깊은 질문을 던지기 시작합니다. 당연했던 모든 것이 의문으로 다가오며 채워야 할 빈 공간이 드러나기 시작했기 때문입니다. '인생이란 무엇이지?' '나는 어떤 존재이지?' '의미란 무엇이지?' '사랑이란 무엇이지?' '죽음과 나의 존재는 어떤 관련이 있지?' '현재란 무엇이지?'와 같은 질문이 계속됩니다.

일련의 질문 끝에 감독이 되는 운명을 받아들입니다. 권태로 던진 질문들은 단순히 답을 얻기 위한 것이 아닙니다. 가능성의 공간으로 온전히 나아가기 위함입니다. 그곳에 도달하면 불안을 마주하게 됩니다. 하지만 두려워하지 않아도 됩니다. 불안은 피해야 할 대상이 아닙니다. 봉준호 감독은 영화를 '불안감의 표현'이라고 말했습니다. 불안은 창조의 연료와도 같아서 불안을 긍정할 때 무엇인가를 표현하고자 하는 욕구가 내면 깊은 곳에서부터 솟아납니다. 이로써 새로운 세계로의 문이 열립니다.

보통 창조라고 하면 '창조자'라는 이미지가 떠오르면서 위대하고 거대한 것이라는 느낌이 듭니다. 우리의 이미지 속의 창조자는 모든 것을 미리 설계하고 계획대로 만듭니다. 목표 지점을 사전에 정하고 그곳까지 어떻게 갈지 전략도 다 세워놓는 겁니다. 하지만 실제로 벌어지는 일은 훨씬 더 엉망진창입니다. 목표도 계속 바뀌고 가는 길도 끊임없이 변합니다. 한마디로 말하자면 진흙탕에서 뒹구는 것 같습니다.

애플의 창업자 스티브 잡스는 한 인터뷰에서 제품을 만

드는 과정을 설명한 적이 있습니다. 그는 특이하게도 여러 개의 돌을 동그란 캔 안에 넣고 돌리는 예시를 듭니다. 캔에 모터를 달고 오랫동안 돌리면 처음에는 울퉁불퉁했던 돌들이 시간이 지나면서 매끄러운 구로 변합니다. 이처럼 제품은 팀원들이 수없이 부딪히고 방향을 바꾸며 여러 제약 조건 사이에서 해결책을 찾아가는 예측 불가능한 과정을 거쳐서 만들어집니다.

이는 제품을 만드는 과정에만 해당하는 것이 아닙니다. 새로운 것을 만드는 과정은 대부분이 이와 유사합니다. 잔잔하게 흘러가는 강물보다는 소용돌이치는 난류에 가깝습니다. 감독으로서 자신의 세계를 만들 때도 혼란 속에 있게 됩니다.

자신의 세계를 만들 때, 운전대를 꽉 잡고 원하는 대로 통제해야 한다고 생각할 수도 있습니다. 마음 깊은 곳에 세상을 내 맘대로 제어하고 싶다는 욕망이 있어서 그렇습니다. 혼자서만 산다면 완벽히 제어하는 것이 가능할지도 모릅니다. 하지만 세상에는 저마다의 세계를 가진 다른 사람들이 있습니다. 그리고 우리는 서로와 어우러져 살고 있습니다.

다른 사람과의 관계는 우리 삶에 있어서 너무나 중요합니다. 예상치 못한 인생을 살고 있는 대부분의 이유는 다른 사람의 영향일 때가 많습니다. 우리는 만들고자 하는 세계를 대략적으로 상상할 수 있을 뿐 구체적인 모습은 알지 못합니다. 창조의 과정에서 막힐 때가 자주 있습니다. 그리고 그 막힌 지점을 뚫는 것은 예측 가능한 것이 아닌 예측 불가능한 것입니다. 대표적으로 다른 사람이 창조의 과정을 이어갈 수 있도록 도와줍니다.

타인은 그 자체가 하나의 세계이며 과정이며 변화입니다. 거대한 소용돌이처럼 예측할 수 없습니다. 그와의 만남으로 막혔던 창조의 과정이 풀리는 것을 경험하곤 합니다. 창조의 과정은 초월의 연속입니다. 우리가 만들어내는 것은 항상 예상을 벗어나며 창조자인 자신을 초월합니다.

창조의 과정을 온전히 제어하려고 하는 것은 마치 영화 감독이 시나리오부터 배우의 연기와 소품 그리고 조명까지 모든 것을 통제하려는 것과 같습니다. 영화를 만들 때 감독 혼자 만들지 않습니다. 수많은 사람과 협력하며 만듭니다. 그 모든 사람을 통제할 수도 없고 통제하려 해서도 안됩니다.

위대한 영화 감독이 입을 모아 하는 말이 있습니다. 가능성의 문을 열어두고 다른 사람의 의견을 들으라는 것입니다. 통제하려는 태도로는 예상을 벗어나는 어떤 것도 허락하지 않을 것입니다. 하지만 자신보다 더 거대한 것을 만드는데 그런 태도를 고수할 수 있을까요?

자신보다 거대한 것을 만들고 있다는 것을 깨달은 창작자는 수용하는 태도를 갖게 됩니다. 이제까지 자신의 뜻대로 되게 하려 아등바등했던 마음을 내려놓고 자신도 이 거대한 창조의 흐름 속 한 부분이라는 것을 받아들입니다. 세계는 당연하게도 나보다 큰 존재입니다. 나로 한정 지어 생각할 수도 있겠지만 세계가 무엇인지 생각하다 보면 곧 나를 초월한 것이라고 알게 됩니다. 진정으로 가치 있는 것 중에 나를 초월하지 않은 것이 있을까요? 용기, 사랑, 정직, 열정, 겸손 등 인간을 구성하는 기본 가치들은 나의 일부이면서 동시에 나를 벗어납니다.

널리 알려진 감독 중에 영화를 단 한 편만 만든 사람은 없습니다. 감독은 자신이 생각하는 세계를 표현하기 위해 계속 새로운 영화를 만듭니다. 《택시 드라이버Taxi Driver》 《분노의 주먹Raging Bull》 등의 걸작을 만든 전설적인 감독인 마틴 스콜세이지는 영화를 일종의 사명처럼 받아들였습니다. 그는 어두운 사회 속 인간의 내면에 관심을 기울이며 지극히 개인적이면서도 파급력이 강한 영화를 만들었습니다. 그의 영화는 '과연 우리는 구원받을 수 있는가'라는 주제를 다각도로 탐구하며 편하게 볼 수 있는 아름다운 것들이 아니라 누구나 내면에 가지고 있을 어두운 면을 보여줍니다. 말로 표현할 수 없는 것들을 영화로 담아내려 노력하고 한 작품을 만들고 나면 또다시 그것을 표현하기 위해 새로운 영화를 만듭니다. 어떤 영화도 그것을 완벽히 표현해 낸 영화는 없었기에 그는 그저 계속 노력했고 그 결과 자신조차 예측할 수 없었던 필모그래피를 그려갑니다.

우리는 영화를 볼 때 완성된 작품을 보고 그 세계에 빠져듭니다. 하지만 감독이 자신의 영화를 볼 때는 시나리오를 적고 촬영하고 편집했던 그 과정을 떠올리며 앞으로 표현해 내야 할 새로운 세계를 그립니다. 『노르웨이의 숲』이나 『1Q84』와 같은 세계적 명작을 쓴 소설가 무라카미 하루키는 자신의 수필 『직업인으로서의 소설가』에서 단 하나의 작품이 아닌 일생에 걸쳐 써 내려간 작품들의 흐름이 독창성을 만든다고 말합니다. 한 번 반짝하고 인기를 얻는 작품이나 노래는 많지만 비틀즈와 같은 독창적인 창작자는 여러 작품에 걸쳐 자신의 세계를 지속적으로 혁신해 갔다는 점을 강조합니다.

인간이 만들어낸 어떤 것도 완벽한 것은 없습니다. 아니 오히려 완벽하지 않아 아름답습니다. 감독으로서 자신의 세계를 만들고 그 세계가 완벽하지 않다 한탄할 수도 있습니다. 어떤 세계를 만들어도 끊임없이 모순이 들려오기 때문입니다. 하지만 모순이 있기에 도리어 우리는 창조를 계속할 수 있습니다. 창조를 끊임없이 이어 나갈 때 우리는 자신이 되어갑니다.

우리는 한 곳에만 머물지 않습니다. 유有의 공간에서 관객으로만 살지 않고 무無의 공간에서 감독으로 창조만 하지도 않습니다. 세계를 만들고 나면 다시 그 세계 안에서 관객이 되곤 합니다. 그렇게 편안히 관람을 하다 우연히 모순을 듣게 됩니다. 이러한 모순은 권태를 낳고 그 결과 무無의 공간에서 불안을 경험하며 감독이 되어 새로운 세계를 창조합니다. 우리는 유有와 무無의 공간 사이를 끊임없이 오가며 진동하듯이 살아가는 것입니다. 그 진동은 끝없이 변하며 제자리로 돌아오는 일이 없습니다. 마치 깊은 산 속 잔잔히 흐르는 계곡, 어떤 돌 뒤에 생긴 작고 신비로운 소용돌이처럼 말입니다.

모순과 권태 그리고 불안은 평소에 멀리하고 싶어 하던

것들입니다. 하지만 이것을 부정하고 무시하는 것은 자신을 죽은 것처럼 대하는 겁니다. 모순을 듣고 권태에 빠지며 불안해하는 것은 우리가 살아있기 때문입니다. 그리고 살아있다면 가능성 아래에 있습니다. 살아 숨 쉬는 한 빛이 필름에 도달해서 사진이 되지 않으며, 편집이 마무리되어 영화관에서 상영하는 일도 없습니다. 우리는 모두 현재라는 공간에서 부를 수 없고 이야기할 수 없고 예측할 수 없는, 그런 존재로 그저 '있을' 뿐입니다.

역대 미국 대통령 중에 가장 존경받는 사람은 아브라함 링컨입니다. 스티븐 스필버그는 2012년 링컨에 대한 이야기를 영화로 만들었습니다. 링컨은 미국 남북전쟁 시대의 대통령이었습니다. 참혹했던 전쟁이 막바지에 이르렀을 때 그는 노예제도를 폐지를 위해 헌법을 바꿔야 한다고 확신합니다. 하지만 당장 남부와 협상을 해서 평화를 이룰 수도 있었습니다. 더 많은 사람이 죽는 것을 막을 수 있는 것입니다. 그는 깊이 고민합니다. 영화는 그의 고민의 시간을 길게 보여줍니다. 남부의 평화사절단이 워싱턴으로 오고 있었고 모두가 평화를 갈망하고 있었습니다. 하지만 그는 자신의 측근에게 "아직 그들은 워싱턴에 오지 않았다"라고 말합니다. 이는 헌법을 개정할 기회가 아직 남았다는 뜻이었고 앞으로 태어날 수백만 명 이상의 인생을 바꿀 가능성을 놓치지 않겠다는 의지의 표현입니다.

결국 영화에서는 극적으로 헌법이 개정됩니다. 하지만 뜻하던 바가 이뤄진 순간보다 사절단이 아직 오지 않았을 때의 링컨의 모습이 머릿속에 더 선명합니다. "아직 오지 않았다"라는 말은 그토록 두려워하던 일도 오랫동안 꿈꿔왔던 일도 일어나지 않았다는 뜻입니다. 우리는 '아직 오지 않은' 상황보다 '이미 와버린' 상황을 바랍니다. 하지만 우리 존재는 그 끝이 도래할 때까지 '아직 오지 않은' 무언가입니다.

정답을 정하지 않을 용기와 모순을 들으며 살아갈 수 있는 끈기가 있다면 우리의 삶은 역동성으로 가득 찰 것입니다. 불안과 권태를 긍정함으로써 끊임없이 세계를 만들고 그 안에서 살아가게 됩니다. 나뿐만 아니라 다른 사람도 감독이라는 것을 안다면 그 안에서 존중이 생겨납니다. 각자가 만드는 세계를 서로에게 보여주며 공감하는 방식으로 어우러져 살아갈 수 있습니다. 이것이 바로 우리가 함께 사는 방법입니다.

자, 이제 당신은 어떤 영화를 만들 건가요?

파벨만스 The Fabelmans

이 리뷰는 스포일러를 포함하고 있습니다.

《쥐라기 공원Jurassic Park》, 《인디애나 존스Indiana Jones》, 《쉰들러 리스트Schindler's List》, 《A.I》 등 불후의 명작을 남긴 거장 스티븐 스필버그는 가장 최근에 자신의 전기를 주제로 한 《파벨만스The Fabelmans》라는 영화를 만들었습니다. 감독이 자신의 이야기를 영화로 만드는 것은 쉬운 일이 아닙니다. 자신의 인생은 굉장히 사적이면서도 또한 이해하기 어렵습니다. 자칫하면 지금까지 이뤄낸 성공 속으로 빠져들 수 있습니다. 하지만 그는 영화 감독이라는 정체성에 걸맞게 인생에 대한 질문에 영화로 대답했습니다. 자신의 삶을 재료 삼아 모두가 공감할 수 있는 작품을 탄생시켰습니다.

'파벨만'은 영화의 제목이자 주인공의 이름입니다. 이야기는 어린 샘 파벨만이 처음 영화를 본 순간에서 시작합니다. 영화관에 가길 두려워하는 샘에게 아빠는 영화의 과학적 원리를 설명해 주고 엄마는 영화는 좋은 꿈이라며 달래 줍니다. 이처럼 전혀 다른 성향을 가진 엄마와 아빠 사이에 자라는 샘은 영화 속 기차의 충돌 장면에 깊이 빠져듭니다. 결국 아빠가 사준 장난감 기차가 충돌하는 장면을 처음으로 촬영하게 되는데 이는 앞으로 일어난 세계와 세계의 충돌을 암시하고 있습니다.

기차의 충돌은 샘이 성장하면서 경험하는 불행한 일들로 이어집니다. 충돌 사고를 예상할 수 없듯이 그의 삶에 닥친 사건들 역시 예측할 수 없었습니다. 현실에서 통제할 수 없는 충돌을 겪자 샘은 오히려 더 영화 속으로 빠져듭니다. 어린 시절 자신이 만든 세계에서 기차를 충돌시키며 통제감을 느끼고 싶어 했던 것처럼 말입니다.

샘이 가장 닮은 인물은 엄마입니다. 엄마는 훌륭한 엔지니어인 아빠와는 달리 예술을 사랑하는 사람입니다. 어렸을 때부터 피아노에 탁월한 재능을 보여 삼촌은 그녀가 세계적인 피아니스트가 될 거라고 생각했습니다. 샘도 마찬가지로 영화라는 예술의 세계에 빠져듭니다. 삶에서 비극을 겪을수록 영화에 더 강한 열망을 느낍니다. 그러던 중 자신이 찍은 가족 캠핑 영화에서 엄마가 아빠의 직원인 베니와 불륜 관계에 있다는 것을 알게 됩니다. 그리고 그 사실을 알게 된 순간은 촬영할 때가 아니라 편집할 때였습니다. 통제를 할 수 있다고 믿은 영화 속 세계마저 결국 통제할 수 없음을 깨달은 샘은 영화 촬영을 그만둡니다. 하지만 베니와 헤어진 엄마가 원숭이를 데려와 키우며 베니라고 부르듯, 샘의 머릿속에서 영화는 떠나지 않습니다.

샘에게 영화는 무엇일까요? 샘은 가족이 쪼개지고 유대인이라는 이유로 괴롭힘을 받고 안식처였던 사랑은 좌절되고 원하던 영화는 할 수 없는 비극을 차례로 경험하게 됩니다. 결국 엄마처럼 공황 증세까지 겪게 됩니다. 자신이 일하고 싶다고 편지를 보낸 영화사 중 한 곳에서 답장을 받게 됩니다. 그곳에 가서 우연히 현존하는 최고의 영화 감독과 이야기할 기회가 생깁니다.

범상치 않은 분위기를 풍기는 감독이 샘에게 벽에 걸린 그림에 대해 설명하라고 요청합니다. 샘은 그림 안에 있는 인물과 사건에 대해서 설명합니다. 그러자 감독은 "아니, 지평선이 어디에 있어?"라고 물어봅니다. 샘은 "지평선은 밑에 있습니다"라고 대답합니다. 그리고 다시 옆에 그림에 대해 설명해 보라고 하자 샘은 또 다시 인물과 사건에 대해 이야기합니다. 감독은 "아니 아니 지평선은 어디에 있냐고?!"라고 호통을 치듯이 물어봅니다. 샘은 "지평선은 위에 있습니다"라고 대답합니다. 그러자 감독은 다음과 같이 이야기합니다.

"지평선이 아래에 있으면 흥미롭고 또 위에 있으면 흥미롭지만 가운데 있으면 더럽게 재미없다."

사무실에서 나온 샘은 무슨 일을 겪었는지 어리둥절하면서도 왠지 모르게 활기찬 걸음으로 걸어갑니다. 그런 샘을 지켜보고 있던 카메라는 앵글을 조정하는데 중앙에 있던 지평선을 바닥으로 깔게 됩니다. 이전에 샘은 영화를 찍을 때 그 안에 있는 인물과 사건을 통제하는 방식으로 영화를 촬영했습니다. 하지만 이제는 바라보는 카메라의 관점을 바꾸면서 영화를 촬영합니다.

마지막 장면은 결국 이 영화 자체도 영화라는 것을 관객에게 알려줍니다. 스티븐 스필버그가 실제로 경험한 이 비극들은 그 자체로 보면 슬프고 가슴 아픈 이야기입니다. 하지만 영화를 다 보고 나면 마치 희망찬 이야기를 본 듯한 느낌이 듭니다. 스필버그라는 카메라가 앵글을 바꿨기 때문입니다.

스필버그는 자신의 이야기를 영화로 만들어서 영화가

어떤 것인지 말합니다. 우리에게 일어나는 통제할 수 없는 일들에 중점을 두지 않고 그것을 어떻게 바라볼지에 중점을 두는 것이 영화라는 것입니다. 그는 탁월한 스토리텔링을 통해 말로는 전달할 수 없는 인생과 영화에 대한 통찰을 전합니다. 영화 끝에서 우리는 영화와 삶 사이의 경계가 사라지는 것을 느끼며 자신의 삶을 감독으로서 바라보게 됩니다.

그 어떤 비극이 있을지라도 나의 인생이 《파벨만스The Fabelmans》처럼 아름다운 이야기가 될 수 있다는 것을 불현듯 깨달으면서 말입니다

photo from film The Fabelmans

"촬영장 문은
항상 열어놓아야 한다.
어떤 일이 벌어질지
절대 알 수 없으니까!"

장 르누와르 Jean Renoir

주석

영화 감독의 말

p5   로랑 티라르, "거장의 노트를 훔치다", 나비장, 2007, 39.

p30   로랑 티라르, "거장의 노트를 훔치다", 나비장, 2007, 169.

p56   로랑 티라르, "거장의 노트를 훔치다", 나비장, 2007, 229.

p92   로랑 티라르, "거장의 노트를 훔치다", 나비장, 2007, 147.

p138   로랑 티라르, "거장의 노트를 훔치다", 나비장, 2007, 116.

p181   로랑 티라르, "거장의 노트를 훔치다", 나비장, 2007, 101.

들어가는 말

p9   버트런드 러셀, "러셀 서양철학사", 을유문화사, 2009, 143.

p9   애덤 그랜트, "싱크 어게인", 한국경제신문, 2021, 105.

p14   박영대, 정철현, 최재정, 황기홍, "쿤의 과학혁명의 구조", 작은길출판사, 2015, 113.

p18   정강길, "화이트헤드 철학에 입문합니다 1", 몸학연구소, 2019, 163.

p21   B tv 이동진의 파이아키아, "[최초 공개] 이동진 역대 영화 한줄평 Best 10", Youtube,
         2023, https://youtu.be/vLl9ryhO9uA?si=mMOmVhQrcpw2iMzr

언어라는 함정

p34   스티븐 핑커, "언어본능", 동녘사이언스, 2008, 87.

p38   버트런드 러셀, "러셀 서양철학사", 을유문화사, 2009, 191.

p39   정강길, "화이트헤드 철학에 입문합니다 1", 몸학연구소, 2019, 8.

p41   이한섭, "근대어 성립에서 번역어의 역할—일본의 사례", 새국어생활 계 22권 제 1호,
         2022.

p42   이기상, 하이데거, "존재와 시간 - 인간은 죽음을 향한 존재", 살림, 2005, 176.

p43   노자, "노자 도덕경", 을유문화사, 2015.

삶에 의문을 가진 당신에게

사진으로 찍을 수 없는 나

p68   Bradley Dowden, "Zeno's Paradoxes", https://iep.utm.edu/zenos-paradoxes/.

p69   A Papa-Grimaldi, "WHY MATHEMATICAL SOLUTIONS OF ZENO's PARADOXES MISS THE POINT: ZENO's ONE AND MANY RELATION AND PARMENIDES' PROHIBITION.", The Review of Metaphysics 50, 1996.

p70   성 아우구스티누스, "고백록", 크리스천 다이제스트, 2016, 386.

p73   카를로 로벨리, "시간은 흐르지 않는다", 쌤앤파커스, 2019, 74.

p76   카를로 로벨리, "시간은 흐르지 않는다", 쌤앤파커스, 2019, 41.

p81   변광배, 사르트르, "존재와 무-자유를 향한 실존적 탐색", 살림, 2005, 188.

p84   B tv 이동진의 파이아키아, "이동진 5점 만점 영화 [애프터썬]의 의문점 모두 해결해 드립니다!", Youtube, 2023, https://youtu.be/5lZgX6HD5bY?si=kZvJmugvDZh6kgBU

삶에 어떤 의미가 있을까

p94   B tv 이동진의 파이아키아, "이동진의 영화학개론 1화 [컷, 쇼트, 신, 시퀀스, 테이크, 프레임, 클로즈업 등]", Youtube, 2021, https://youtu.be/kozCMru6Fs8?si=lt1BYM31LzSkETlZ

p95   정상수, "영상광고 노하우(2) : 화면에 깊이를 만드는 3가지 방법", MADTIMES, https://www.madtimes.org/news/articleView.html?idxno=2337

p100   이기상, 하이데거, "존재와 시간 - 인간은 죽음을 향한 존재", 살림, 2006, 178.

p108   변광배, 사르트르, "존재와 무-자유를 향한 실존적 탐색", 살림, 2005, 153.

p112   버트런드 러셀, "철학이란 무엇인가- The problems of philosophy", 문예출판사, 1977, 109.

p115   빅터 프랭클, "빅터 프랭클의 죽음의 수용소에서", 청아출판사, 2005.

p121   법륜, "법륜 스님의 반야심경 강의", 정토출판, 2022.

p123   정강길, "화이트헤드 철학에 입문합니다 1", 몸학연구소, 2019, 271.

p130   왓챠, "[FULL] 듄의 감독 드니 빌뢰브의 《컨택트》를 제대로 감상하려면 보셔야 합니다", Youtube, 2021, https://www.youtube.com/live/TLpkhUe7Hz4?si=w7DcfjNIsq3f2mBf

관객이 아닌 감독으로

p148   제임스 글릭, "카오스 새로운 과학의 출현 - Chaos making a new science", 동아시
        아, 2013.

p158   부산국제영화제Busan International Film Festival, "하마구치 류스케 감독 X 봉
        준호 감독 스페셜 대담", Youtube, 2021, https://www.youtube.com/live/
        t8wktliGduQ?si=yWojyCXD-h2GgEJO.

p164   스테이지5, "#22 스티브 잡스: 가장 뛰어난 사람들에 대하여", Youtube, 2013,
        https://youtu.be/3JI9WuRSXGc?si=K9cs7LzpqSw5eUdo.

p168   메리 팻 켈리, "마틴 스코세이지 영화 수업", 현익출판, 2024.

p169   무라카미 하루키, "직업인으로서의 소설가", 현대문학, 2016, 99.

영화 스틸 이미지

p26   *Hollymotors*, directed by Leos Carax, Pierre Grise Productions, 2012,
        TMDB https://www.themoviedb.org/movie/103328-holy-motors/images/
        backdrops

p54   *Drive My Car*, directed by Ryūsuke Hamaguchi, C&I entertainment, 2021,
        TMDB https://www.themoviedb.org/movie/758866/images/backdrops

p89   *Aftersun*, directed by Charlotte Wells, BBC Film, 2023, TMDB https://www.
        themoviedb.org/movie/965150-aftersun/images/backdrops

p136   *Arrival*, directed by Denis Villeneuve, FilmNation Entertainment, 2016,
        TMDB https://www.themoviedb.org/movie/329865-arrival/images/
        backdrops

p180   *The Fabelmans*,directed by Steven Spielberg, Amblin Entertainment, 2022,
        TMDB https://www.themoviedb.org/movie/804095-the-fabelmans/images/
        backdrops